JN273349

アボリジニ

―差別論の展開と事例研究―

張能美希子 著

文眞堂

Mikiko Chono
"Aboriginal Australia:
A Theoretical Model of Discrimination with Case Studies."
Published by
Bunshindo Publishing Corporation, Tokyo, Japan 2012.

まえがき

　「田舎暮らしが憧れ」と言うたわいもない理由でタスマニアに留学することを決めた。その当時はまさか数年後に自分がタスマニア・アボリジニをテーマに博士論文を書くことになるとは思いもよらず，長年夢見た田舎暮らしが実現して有頂天だった。タスマニア滞在中，町のあちこちに最後のタスマニア・アボリジニ Truganini の碑を目にしたが"タスマニア・アボリジニは絶滅した"という説明を疑問に思ったことはなかった。全てを変えたのは，友人が勧めてくれた1冊の本だった。本書でも参考文献として取り上げた Lyndall Ryan の "*The Aboriginal Tasmanians*" のタスマニア・アボリジニは絶滅していないという内容に私は衝撃を受けた。帰国した後，ふとした思いつきで「タスマニア」と辞書で引いて愕然とした。辞書の中でもタスマニア・アボリジニは1876年に絶滅したことになっていた。その時の強い驚きに突き動かされて，博士論文のテーマは急遽差別に変更された。タスマニア・アボリジニの歴史を学ぶために University of Tasmania Riawunna Centre のドアを叩いた。正式な紹介状も，アポイントもないままに押しかけた私に，授業の聴講，図書館利用を許可し，毎週個人的に質問する時間まで設けてくれた同センターには御礼申し上げたい。タスマニア大学での滞在期間はとても有意義で，多くの貴重な経験に恵まれた。

　一番の思い出は，ケープ・バーレン島で Islander に会えたことだった。実際に会った Islander は Ryan の本が記したように，白人のような顔立ちと濃い褐色の肌，エキゾチックな相貌の美しい人々だった。本島からバス，飛行機を乗り継いで訪れた島には，本当に僅かな住民がいるだけだった。私を迎え入れてくれたのは，島に1校しかない学校で，季節ごとに移動する島の風習のため，その時生徒は2人しか登校していなかった。島を案内してくれた高校生は，自分が Mannalargenna の子孫であると教えてくれた。島の小

さな港で，食料は1週間に1度，船が運んでくると地元の人が言っていた。その時対岸に見えた島はタスマニア・アボリジニの居留地として有名なフリンダーズ島だった。遠くおぼろげだった歴史が，急に現実的になり奇妙な気持だった。その時の経験が過去と現在を結びつけて論じることのできる動態的差別の仮説の提案につながった。オーストラリア国内においても，タスマニア・アボリジニに対して正しい知識を持つ人は少ない。明らかに誤った固有名称や，歴史の解釈を博物館や学術書の中で見かけることも多かった。一番困ったのは，研究テーマを聞かれてタスマニア・アボリジニと言うとタスマニア・アボリジニはすでに絶滅しているのに何を研究することがあるのか，と何度も聞かれたことだった。しかし，これらの質問も問題関心を深める起爆剤となった。

　本書は2009年度に博士論文として千葉商科大学に提出した「差別動態化論についての一考察：アボリジニーケース研究からの差別理論仮説」に加筆・修正をしたものである。本書が完成するまでにたくさんの人の助力を頂いた。特に母校である千葉商科大学の先生方には御礼を申し上げたい。先生方の忍耐強い指導に報いる内容を本書が備えていることを切に願わずにはいられない。最後に，張能祐子，具志潤子の御二方に御礼を申し上げたい。根気強く原稿を校正してくれてありがとう。

目　　次

まえがき …………………………………………………………… i

第1章　序 …………………………………………………………… 1

第2章　差別研究の潮流 …………………………………………… 6

第1節　差別研究の鳥瞰図 ……………………………………… 6
1　差別研究史と外部圧力―石田の差別研究史― ………………… 6
2　差別研究の手法と分類―中村の分類研究― ……………………10

第2節　差別の各論と発展 ………………………………………13
1　人種差別と正当化―メンミの差別定義― ………………………14
2　排除の性差別―江原・差別の二重構造― ………………………22
3　複合差別論―上野・複雑に葛藤する差別― ……………………32
4　統括的な差別論 ……………………………………………………42
5　告発による差別定義―坂本・争われる差別― …………………44
6　差別論の複雑化と進化 ……………………………………………54

第3章　オーストラリア・アボリジニ ……………………………57

第1節　アボリジニのイメージと現状 …………………………57
第2節　ノーザンテリトリー ……………………………………66
1　忘れられた土地―NT初期― ……………………………………66
2　底辺に組み込まれるアボリジニ―NT中期― …………………75
3　アボリジニの抵抗―NT後期― …………………………………80
4　アボリジニの覇権―NTその後― ………………………………85

第3節　アボリジニ―タスマニア― ……………………………91

    1 協調的コミュニティの発生—タスマニア初期— ……………… 91
    2 敵対関係の開始—タスマニア中期— ………………………… 97
    3 駆逐されるアボリジニ—タスマニア後期— ………………… 104
    4 被差別者の消滅—タスマニアその後— ……………………… 112
  第4節 既存の定義の適応と限界 ………………………………… 120
第4章 動態的差別の仮説 ……………………………………………… 127
  第1節 動態的差別の仮説 ………………………………………… 127
    1 差別の動態 …………………………………………………… 127
    2 区別—第1の差別要素— …………………………………… 129
    3 感情—第2の差別要素— …………………………………… 132
    4 行為と行動—第3の差別要素— …………………………… 134
    5 表記方法 ……………………………………………………… 135
  第2節 差別の変化 ………………………………………………… 138
    1 区別と感情のスパイラル …………………………………… 138
    2 感情と行動のスパイラル …………………………………… 141
    3 行動と区別のスパイラル …………………………………… 143
    4 差別要素のスパイラルと補足 ……………………………… 145
    5 差別行動自体のスパイラル ………………………………… 147

第5章 結 ……………………………………………………………… 156

  巻末資料 ……………………………………………………………… 159
  参照文献 ……………………………………………………………… 160
  索 引 ……………………………………………………………… 168

第 1 章　序

　ボストンにある New England Holocaust Memorial の石碑には，フリードリヒ・グスタフ・エミール・マルティン・ニーメラーの詩 "First they came…" が書かれている。

"First they came for the Communists, and I didn't speak up, because I wasn't a Communist. Then they came for the Jews, and I didn't speak up, because I wasn't a Jew. Then they came for the Catholics, and I didn't speak up, because I was a Protestant. Then they came for me, and by that time there was no one left to speak up for me."

　この詩は，ナチス・ドイツの攻撃対象が共産主義者，ユダヤ人，カソリックと移り変わっていったことを示している。アドルフ・ヒトラーの率いるナチスが政権を握った 1933 年 1 月から，ナチス・ドイツが連合国軍に無条件降伏をする 1945 年までの間に，約 600 万人のユダヤ人が殺された。この歴史的な出来事が人種差別問題への取り組みを強化した[1]。だが「ナチス・ドイツの虐殺行為＝人種差別」という構図には疑問が残る。
　ユダヤ人とは「ユダヤ教を信仰する人々。古代ではパレスチナに居住していたイスラエル人の子孫がこれにあたる[2]。」キリスト教徒にアジア人，コーカソイドが含まれているように，ユダヤ教を信じていれば人種的な背景はともかくユダヤ人と定義される。ユダヤ人という集団は，人種的に確立されたものではない[3]。ナチス・ドイツの犠牲者は，ユダヤ人だけではない。同性

1　竹本（2000）77 頁。
2　大辞林　第二版。
3　小林（1972）56 頁。

愛者，精神病者，障害者などの犠牲者が多数いる[4]。これらの犠牲者たちは，人種差別という理由では説明できない。ナチス・ドイツの行動を優生主義に基づいた差別と定義しても，問題は解決しない。優生思想は共産主義者やカソリック教徒という犠牲者を説明できない。このように詳細を見ていくと，「ナチス・ドイツの虐殺行為＝人種差別」「ナチス・ドイツの虐殺行為＝優生主義」という説明には大きな問題が浮かび上がってくる。代表的な"人種差別""優生主義"の例であったはずのナチス・ドイツ像が崩れていく。

　第一次世界大戦，第二次世界大戦を経て，「世界平和」は国際社会の強い要請になった。平和への熱望は，差別の学術的研究を育てた。差別を正確に・詳しく理解したいという研究者の熱意は，差別を「人種差別」「性差別」「部落差別」…と分断した。人権，公正，平等などの思想が普及する一方，これらの思想の対極に位置づけられる差別という概念に対する理解も普及した。「差別」という言葉を聞けば，誰でも特定のイメージを浮かべることができる。だが，細分化した差別研究の中で，差別は全体像を失った。「人種差別」「性差別」「部落差別」…全ての差別の中に共通する差別の本質は語られないままである。前述のナチス・ドイツの例が示したように，細分化された理論の下に隠蔽されているが，自分が思うほど私たちは「差別」を知らない。私たちはもう一度「差別とは一体何なのだろうか」と問い直す必要がある。

　本書の目的は，差別の動態的性質の一般化である。第2章では，先行研究について全体像，各論と振り返り，差別研究に対する理解を深めるとともに，統括的な差別研究の必要性を示す。差別研究の全体像を把握するために石田の差別研究史（1994）[5]，中村の研究手法分類（1996）を取り上げる。各論ではアルベール・メンミの人種差別（1996），江原（1985）の性差別，上野（2002）の複合差別論，坂本（2005）の告発による差別定義を挙げる。前

---

[4] ヒル（1993）。
[5] なお，本文で取り上げた石田（1994）は石田雄と三橋修の共著『日本の社会科学と差別理論』を指すが，引用した部分「戦後日本の社会科学と人権の視覚」は石田が単独で執筆している。そのため，石田・三橋（1994）ではなく，石田（1994）として取り上げている。

述したように，差別の細分化による差別の全体像の喪失は，先行研究によってすでに指摘されている。例えば石田は差別研究の専門分化が激しくなり，個々に囚われ全構造を失うと問題を指摘した[6]。坂本（2005），佐藤（2005）の統括的な差別研究は，差別の細分化に対抗している。本論は坂本（2005）と佐藤（2005）の論旨を引き継ぎ，差別全体に共有する概念の一般化を論題として取り上げる。

　第3章では，ノーザンテリトリー[7]とタスマニアのアボリジニの歴史の事例分析を通じて差別の動態的な性質を示す。初期のNTでは「（中略）この地域のアボリジニ行政はほとんど空白のままにおかれた[8]。」と松山が指摘していた。NT初期はアボリジニ政策不在の時代と言える。中期にはNorthern Territory Aboriginals Act 1910[9]やAboriginal Ordinance Act 1911が制定される[10]。Reidが「NTにおける白人の継続的な滞在は，サウスオーストラリアが僅かに受け取る見返りのために政府が支払った大量の出費で維持されていた[11]。」としている。NTを維持するために隷属的労働力としてアボリジニが白人社会に組み込まれた。NTの後期はMcGrathが「最も顕著な第二次世界対戦の影響は，純血のアボリジニ，混血のアボリジニをよりオーストラリアの本流であるヨーロッパ人に統合したことである[12]。」と評している。第二次世界大戦中に軍事産業に従事したアボリジニの働きが評価された。これをきっかけにアボリジニは，同等の権利獲得へと意識を高めて行った。NTの近代はアボリジニが権利委譲を得るごとに，アンビバレントな結果を生み出した時代であると言える。この具体例として，Floodが指摘した同等賃金獲得がNTでアボリジニ労働者の失業を招いたケース等を挙げた[13]。

6　石田（1994）38頁。
7　「Northern Territory（ノーザンテリトリー）」と本来は記述すべきところではあるが，冗長なのでNTとこれより省略する。
8　松山（1994）67頁。
9　前掲書，68頁。
10　Rowley (1986) p. 219., 松山（1994）71頁。
11　Reid (1990) p. 196.
12　McGrath (1995) p. 281.

一方タスマニアの初期は「平和で協力的な関係を望んでおり，女性の連れ合いを得ることに熱心[14]」なアザラシ猟師と共に，協調的なコミュニティが形成された時代だった。中期は「（中略）個人の企業家の厚遇，入植地の拡大，囚人の個人割り当ての増加などの政策を進めた[15]。」と指摘されるように，開発が促進され，タスマニアにも牧羊業が導入された。中期は恒久的にイギリス人がタスマニアに入植してくることに伴って，アボリジニがイギリス社会にイギリス法の対象として取り込まれた[16]。タスマニア後期は，Reynolds[17]，Ryan[18]，McGrath[19]，Windshuttle[20] が指摘したように，白人とタスマニア・アボリジニとの間で争いが激しくなった。両者の衝突が激しかったため，植民地政府は多くのアボリジニ政策を打ち出している。後期の争いを経て，タスマニアではアボリジニ人口が激減した。後期以降タスマニア・アボリジニは遠方の島に居留させられ，最後の純血タスマニア・アボリジニとされる Truganini が 1876 年に死亡したことをもって絶滅したと認識された。しかし Ryan が指摘したように Islander という白人アザラシ猟師を父に，アボリジニ女性を母に持つ人々はタスマニアに生き続けた。Ryan[21] や Windshuttle[22] が指摘するように，彼らのアイデンティティは構築が難しく，現在でもタスマニアにアボリジニはいないと信じる人も少なくない。上記のように NT においても，タスマニアにおいても，白人とアボリジニの関係や差別は時代によって変化していることが分かる。全ての差別は人の相互行為によって発生する。個人 A の行動が，個人 B の行動に影響を及ぼし，個人 B の反応が個人 A の行動に影響する…という無限のループが繰り返され，差別は変化する。第 2 章で取り上げた先行研究は，各自差別の変化を理

13　Flood (2006) p. 215.
14　McGrath (1995) p. 312.
15　前掲書，56 頁。
16　Ryan (1996) p. 73.
17　Reynolds (2001) p. 52.
18　Ryan (1996) p. 4.
19　McGrath (1995) p. 316.
20　Windshuttle (2002) p. 84.
21　Ryan (1996) p. 248-249.
22　Windshuttle (2002) p. 436.

論の中で指摘している。しかし，いずれの先行研究も，差別の動態的な性質の一般化を行っていない。そこで，本書は差別の動態的な性質を説明するために，第4章で基本仮説を展開する。

第2章　差別研究の潮流

第1節　差別研究の鳥瞰図

　本書の概要については，前章で述べた。本章では，既存研究を再度検討することで既存の差別研究の問題点を指摘すると同時に，差別を再考していく手始めとしたい。研究の概要や全体像を把握する上で，研究史や分類研究を取り上げることは欠かせない。差別研究において，差別研究史や差別の分類を取り上げたものはなかなか見当たらないが，石田（1994），中村（1996）がそれに該当すると思われる。これら2つの先行研究をはじめに，既存の差別研究を見ていくことにしたい。

1　差別研究史と外部圧力 ―石田の差別研究史―

　石田（1994）は日本の差別研究の潮流を戦後3つの期間，1960年代の半ば，60年代から70年代，80年代以後に大きく分けて論じている[23]。差別研究の第1期1960年代半ばは，差別がやがて消滅するという楽観的な推測と非マルクス・マルクス主義という両極の主義が主な論題とされている。石田はマルクス主義が差別消滅という結論に至る過程を「つまり，マルクス主義者にとっては労働者階級を中心とする社会主義革命が実現するならば，経済的搾取の根絶とともに一切の差別がなくなるのだと考えがちでありま

---

[23] 石田（1994）14頁。「さて，本題に入りまして，歴史的な反省に早速取りかかります。戦後の時期を大きく三つに分けて考えてみたいと思います。第一の時期としては，一九六〇年代の半ばごろまでの時期。第二期が六〇年代の終わりから七〇年代，第三期が八〇年代以降ということになります。」という石田の提言を使用した。以降本論での石田の第1期，第2期，第3期はこの分類に基づく。分類について石田は前述以上に詳しい記述をしていない。しかし，時代の大きな変化に伴った差別研究の動向についての言及が石田（1994）の議論の大部分となっている。これらを前提に石田の分類は，時代の区分であるとともに，差別研究の傾向の分類と考えられる。

す[24]。」と説明している。一方の近代主義については「また，近代主義者と呼ばれた人たちによれば，封建遺制，封建制度の残りかすというものの克服によって近代社会が実現すれば，ヘンリー・メイン[25]のいう「身分から契約へ」という変化が起こって，身分的な差別はなくなると考えられがちでありました[26]。」と差別の消滅が予測されていた理由を説明した。差別研究第1期の1960年代半ばは，全く異なる2つの思想が異なる論法で同じ結論，「差別はやがて消滅していく問題である」という楽観的推測に至っていた時代だったと石田は結論づけている[27]。

石田による差別研究第2期は，差別撤廃運動が様々な領域で高揚しはじめた時代と定義されている。差別撤廃運動の高揚と関係する3つの要素として「第一は公害をめぐる問題であり，第二はベトナム反戦の動きであり，第三は大学闘争の問題であります[28]。」としている。第1の公害をめぐる問題として水俣病患者に対する差別が取り上げられている。第2点目では，ベトナム反戦運動が日本国内での戦争意識を転換した点について石田は論じている。ベトナム戦争以前の日本は最初の原爆被害者としての被害意識を色濃く持っていた。だが，ベトナム反戦運動が，様々な形でベトナム戦争に加担している加害者としての日本を認識させた。それによって日本はアジア諸国に対する加害者としての立場を自己認識することになった，と石田は意識の

---

24 前掲書，15頁。
25 石田の本文ではそれ以上に詳しく説明されておらず，参照文献にも名前が挙げられていない。恐らく石田の言うヘンリー・メインはイギリスの法学者，Henry James Sumner Maine のことだと思われる。ヒュー（1993）はメインの著書『古代法』を取り上げ「彼の理論は，"進歩する社会の動きは身分から契約へと向かう動きであったということができる"との彼の格言に要約されている。」(4頁) と説明している点を根拠として挙げる。
26 石田（1994）15-16頁。
27 「ついでに申しますと，よく日本国憲法の三つの原理として，平和主義，民主主義，それから基本的人権の尊重と，この三つが挙げられておりますけれども，どうも最後の基本的人権の尊重と言う面だけが必ずしも十分に，運動の面でも，また社会科学の面でも関心を引いてこなかったのではないかと思うわけです。」（石田（1994）16頁）と言う指摘がされている。これに付随して「つまり，民主主義の中に人権の問題は当然に入ってしまうんだという考え方が多かったと思います。」（16頁）とした上で，多数決で物事を決定した際に少数者の人権はどうなるのか，という問題が見落とされている点についての指摘がされている。（16-17頁）
28 前掲書，23頁。

転換を指摘している[29]。さらに第3点目として取り上げられた学生闘争について,「六〇年代末からの学生闘争というのは,アメリカやヨーロッパに比べれば,日本の場合にはその影響力ははるかに弱く,その影響も一時的だったと思います。しかしそれなりに大学という組織における抑圧的管理に対して反対する運動というのは,やがて全社会的な管理体制への反対となって,高度成長を支える能率中心的な社会体制に対する鋭い批判を打ち出したということは明らかであります[30]。」とその影響が指摘されている。差別研究第2期において,今まで経済成長一辺倒だった社会が,公害問題,ベトナム反戦,大学闘争などをきっかけに徐々に別の価値観へと移行していく背景についても石田は明らかにしている[31]。

石田による差別研究第3期は「(中略)国内における日本文化論の登場と国際的な差別反対,人権擁護の連帯の強化という相反する二つの傾向によって特徴づけられると思います[32]。」と論じられている。石田による日本文化論は,「(中略)外に対しては日本文化は他のいかなる文化よりも優れているという優越感を示し,内に対してはこの優れた日本文化,その中における日本人らしさに同調することが強いられるという二つの面で,二重に差別的な態度をさすもの(以下略)[33]」とされている。日本の二重に差別的な態度は後に国際社会からの圧力で変化させられていく。例えば,ベトナムからの難民発生時に日本の難民受け入れ体制に非難が集中した。その結果,日本は81年に難民条約に加入することになった。後にこの難民条約がきっかけとなって国民年金法,その他の社会保障関係の法律から国籍条項が除かれた[34]。1979年の国際人権規約への加入にも関わらず,日本国内の現状が議定

---

29 前掲書,24頁。
30 前掲書,25頁。
31 前掲書は意識の変化を示す例として「六十九年にはNHKの世論調査では,急速な経済成長を続けることに賛成の者が四三%,反対が一九%であったのが,翌年の七〇年になりますと,反対が四五%,賛成が三三%と賛否が逆になります。」(24頁)と言う統計を挙げている。
32 前掲書,30頁。
33 前掲書,33頁。
34 前掲書,31頁。なお,これによって在日朝鮮・韓国人の年金問題等が解消されたことも石田は言及している。

書に批准しなかった。さらに政府が 80 年に「日本に差別されている少数民族はいない」という報告を国連に提出するなど問題が続いた。80 年の日本政府の報告に対して「(中略) 一九八一年, 西ドイツのボンで開かれた国連の人権専門委員会では, 日本政府の報告書に関する討議を行った際に, 日本には朝鮮と中国の少数民族のグループがあって, 少なからぬ問題を含んでいると指摘されました[35]。」と国際社会から批判があったことを石田は指摘している。さらに「そして, 一九八〇年にコペンハーゲンで性差別撤廃条約に署名したということから, 今度は国内のほうでは, それまで国内の力では十分に解決できなかった性差別の問題が制度的に, 少なくとも形を整えなければならないと言うことで, 八五年の男女雇用機会均等法, またこれについてはいろいろ問題があるにしても, 同年の国籍法の改正によって, 男性と女性, 父親と母親が等しく国籍を子供に引き継がせることができることになったわけであります[36]。」とし, 国外からの働きかけが日本国内の性差別に影響を与えたことが指摘されている。他にも国外から国内の差別への働きかけとして, 国連で部落問題を訴えるという試みが行われている。82 年に大学のみに限るが, 任期つきで外国人を採用することができるようになるという変化も起こっている, と石田は説明している[37]。

　以上が石田による差別研究の歴史の概要である。石田のように時代ごとに差別研究の特色を論じた論文は他に見当たらない。その点を踏まえて, 石田の研究は稀な研究である。石田の研究史の視点は「外的な影響によっていかに差別研究, もしくは差別に関連した社会運動が変化していったか」に集中した内容だと言える。その傾向は国際的な影響が日本国内に存在する差別や差別的な制度をいかに変容させたのか, という点について議論が多くされている点に見ることができる。

35　前掲書, 30-31 頁。
36　前掲書, 31-32 頁。
37　前掲書, 32 頁。

2 差別研究の手法と分類 ―中村の分類研究―

　石田に次いで，中村（1996）の差別研究の分類について見ていきたい。中村は「社会学におけるこれまでの差別研究は，大きくわけると，社会調査による差別的現実の数量的な実証的分析の展開，社会心理学的研究も含めた差別意識論による展開，そしてエスノメソドロジーによる展開の三つに整理することができます[38]。」と差別研究を大きく3つに分類している。「社会調査による差別的現実の数量的な分析は，差別問題解決の指標とすべき一定の数値目標を呈示し，とりわけ物理的な面での差別的現実の解決に寄与した点で有効でした[39]。」と第1の分野である数量的な実証分析を評価している。その反面，数量的な実証分析に対して「差別的現実は，数量化的に一般化されたものとしてではなく，被差別者の個別的な差別的体験として現われるものではないでしょうか[40]。」と問題を提起している。中村は「そもそもそうした社会調査によって提示される数量的な指標は，被差別者の一般的現実と差別者の一般的現実の格差の対比でして，たとえば部落解放運動の一つのモデルである「格差是正論」にみられるように，その格差是正が差別問題研究の最終目標とされるならば，差別問題は差別的現実の単なる数量是正の問題として矮小化され，差別が人間に与える心的側面の諸問題を捨象するということになりかねないことになるでしょう[41]。」とし，数量的な実証分析の問題点を具体的に説明した。数量的な分析が差別の大部分である"被差別者の心理的被害"を抜け落としていることを中村は深刻に捉えている。

　次に論じられたのは，差別意識論の研究である。中村は，「(中略) 差別意識論は，社会意識として機能する差別意識の社会的存在を指摘した点で有効でした[42]。」とその功績を論じている。その一方で「(中略) 差別意識論は，差別意識の社会的存在を明らかにするだけで，社会意識として構造化されている差別意識が，差別行為者の個人的な意識の中でどの様に構成されていく

38　中村（1996）141頁。
39　前掲書，141頁。
40　前掲書，141頁。
41　前掲書，141頁。
42　前掲書，141頁。

のかを論点とするには至りません。そのために差別意識論からは，差別意識と個人的な意識経験の関係を等閑視することになりかねないと言う問題が生じています[43]。」と問題点を指摘した。

　第3の分類に該当するエスノメソドロジー[44]による差別問題研究について，「エスノメソドロジーによる差別問題研究は，普段私たちが行っている会話や所作における微細な相互行為秩序に着目することで，日常生活という常識的な水準で成立している差別的カテゴリーを析出し，これまでの差別問題研究が踏み込めなかった社会的場面における差別の常識的構成という問題領域に踏み込むことに成功しました[45]。」と功績を説明している。他にも中村は「これらの差別問題研究の欠陥を補完すべく登場したのがエスノメソドロジーによる差別問題研究です[46]。」と紹介しており，エスノメソドロジーによって差別研究が大きく躍進したことを表現している。エスノメソドロジーによる差別問題研究の特徴として「何よりもエスノメソドロジーによる差別問題研究がラディカルであるのは，常識的なカテゴリー的認識そのもののなかに組み込まれている差別的カテゴリーを批判的に析出し，それを無効化するその実践的性格という点においてです[47]。」という点を挙げている。逆にエスノメソドロジーの不備として「しかしエスノメソドロジーによる差別問題研究は，常識的カテゴリーと差別的カテゴリーの関係を等閑視してしまう[48]。」という点を中村は挙げている。より詳しい説明では「エスノメソドロジーによる差別問題研究が指摘するように，差別が常識のなかから生じるのは確かなことですが，しかし，私たちが日常生活のなかで何の疑問も抱かずに使用している常識的カテゴリーのすべてが差別的カテゴリーというわけではありません。私たちが普段使用している常識的カテゴリーは，あらゆ

43　前掲書，141-142頁。
44　エスノメソドロジーとは，「社会学の潮流の一。日常の中で普通の人々が行う生活世界の意味づけを，会話分析などの事例によって研究する。1960年代H＝ガーフィンケルらにより開拓された。」『大辞林　第二版』(「エスノメソドロジー」で引いた。)
45　前掲書，142頁。
46　前掲書，142頁。
47　前掲書，142頁。
48　前掲書，142頁。

るカテゴリーの発生基盤であり、差別的カテゴリーは常識的カテゴリーを前提に成立するのですから。この点で差別的カテゴリーと常識的カテゴリーは、その概念的性格を異にしている、といえるでしょう[49]。」として差別的カテゴリーと常識的カテゴリーの違いについて見解を明らかにしている。続けて「常識的カテゴリーと差別的カテゴリーの関係を問わないまま、あらゆる意味現象の発生基盤であり、理論的基礎である常識的、カテゴリー的認識を無効化してしまっては、社会経験はもとより、エスノメソドロジーによる無効化の実践という反差別の営為もなり立たなくなるのではないでしょうか[50]。」と指摘している。常識的カテゴリーと差別的カテゴリーの違いを詳しく論じないまま、カテゴリー的認識の無効化へと議論が進んでいる事態に中村は危機感を呈している。さらに「そればかりか、この点はエスノメソドロジーによる反差別の実践が、反差別的な価値を前提に差別的カテゴリーを無効化するだけで、その際に前提となる反差別的な価値そのものについては問わないという姿勢に強く現れているように私は思います[51]。」と指摘した。中村は何らかの秩序に基づいてある集団を裁くのであれば、それが全ての集団に適応されるべきで、万が一ダブルスタンダードがそこに存在してしまえば自らに甘く他人に厳しいという腐敗が生まれてしまう、と批判している[52]。また実際に反差別の営為の際に「むしろ問題なのは、差別的カテゴリーの無効化に基づく集団内外の新たな人間関係の創造にあるといえましょう[53]。」と問題の先行きを想定している。利点と問題点を論じた結果、中村は「このように、エスノメソドロジーによる反差別の実践は、差別的カテゴリーと常識的カテゴリーの間、いいかえますと、差別的現実と社会的現実の間にある弁証法的な関係を捉える視点はもちえていません。そのため、エスノメソドロジーによる反差別の実践は、反差別的カテゴリーの相対化を欠いた、常識的世界観における差別カテゴリーの単なる否定にとどまることにな

---

49 前掲書、142-143頁。
50 前掲書、143頁。
51 前掲書、143頁。
52 花崎（1993）を用いて補足している。中村（1996）143頁。
53 前掲書、143-144頁。

ります[54]。」とエスノメソドロジーによる差別問題研究を批判した。

　以上のように，中村の研究によって，研究手法の分類が把握された。次章からは差別の代表的な理論と定義を検証することで既存の差別研究が論じてきたことを具体的に示していきたい。

第2節　差別の各論と発展

　差別の代表的な理論と一口に言っても，どの差別を本章で取り上げ，どの理論と定義を代表として取り上げるか，ということは非常に難しい問題である。例えば，『差別の諸相』という本を開けば，目次にはアイヌと沖縄人，被差別部落民，娼婦，病者と障害者，貧民，坑夫，囚人と様々な項目が幅広く並んでいる。しかし，著者は「これでもまだ日本近代社会成立期に限定された論題である」と述べている[55]。村田による『日本の差別・世界の差別』という書籍では，世界の差別としてインドのカースト制，ユダヤ人問題，アメリカ合衆国の黒人差別，南アフリカのアパルトヘイトが目次に並んでいる[56]。差別研究の各論の中には日本国内外を問わず，大きなテーマが多数存在している。このような現状を前に，何をどのように取り上げるかの判断は非常に難しいところではあるが，本章では差別各論の分野として人種差別，性差別，複合差別論，統括的な差別論の4分野を取り上げることにした。人種差別，性差別研究は，全世界に共通して論じられており，かつ最も蓄積の多い差別研究の分野である。複合差別論は幾つかの差別が複合的に存在している社会を論点としている。差別同士の関係という視点は最新の研究成果として取り上げる意義があると判断した。統括的な差別論は各論として伝統的に進められてきた差別研究に対するアンチテーゼとして作り出された。統括的な差別論は複合差別論同様に新たに研究の蓄積が行われつつある分野である。そのため，統括的な差別論も本章で取り上げることにした。

54　前掲書，144頁。
55　廣田（1990）5頁。
56　村田（1988）。

1 人種差別と正当化 —メンミの差別定義—

　人種差別の定義について様々な議論が行われている。そのため人種差別の定義は，それについて論じる人の数だけ定義が存在するといってよいだろう。それらすべてを取り上げると枚挙に暇がないので，人種差別の代表的な理論として最も頻繁に引用されているアルベール・メンミの定義を取り上げる。メンミ（1996）の議論は「あまりにも個別的な指摘，流派間の違い，作家の無意識的な癖を捨象するなら，この哲学は，左のように要約可能な，三系列の論に依拠している[57]。」とし，人種差別者の言説の依拠を統括し，批判することから始まっている。なお，メンミは三系列の論を以下のようにまとめているので本文から引用した[58]。

- 純粋な人種，それゆえ他の人種とは区別された人種が存在する。だから，各集団間，集団を構成する個人間に，重要な生物学的差異が存在する。
- 純血種は生物学的に他の人種に優越する。この優越性は同時に，心理的，社会的，文化的，精神的優越性という形を取って現れる。
- この多種類の優越性は優越集団の支配と特権を説明し，正当化する。

　メンミは第1の論「純粋な人種，それゆえ他の人種とは区別された人種が存在する。だから，各集団間，集団を構成する個人間に重要な生物学的差異が存在する」という主張を「実際化学を別にすれば，純粋とは隠喩であり，願望であり，あるいは幻想である[59]。」とし"純粋な人種"という概念自体を否定した。また同様にメンミは人々の多様性を「個々の生物学的特徴は国民，民族，階級の間に偶然に任せて配分される[60]。」もので「（中略）要するに，ある社会的集団とある生物学的相貌を一致させることは不可能だ[61]。」

---

[57] メンミ（1996）11頁。なお引用文には"左のように要約可能な"とされているが，それはメンミ（1996）が縦書きとなっているからである。
[58] 前掲書，11頁。
[59] 前掲書，12頁。
[60] 前掲書，13頁。

としている^{62}。純粋な人種の概念，人種と外見的な特徴の関係性の否定はメンミ以外の多くの先行研究でも行われており，すでに共通の見解として認識してよいだろう^{63}。

61　前掲書，15頁。
62　しかし一方で「このことは場所による支配的な組み合わせがない，という意味ではない。ただ，この支配的な組み合わせは相対的だということである。」(前掲書，13頁) としている。またこの一例としてスペクトル効果 (緯度が変わると，ある特徴が色濃く現れる傾向) について触れている。
63　「「人種間」には線 (境界) を引くことができない，身体的特徴の変異は緩やかな勾配であると言う事実が，古典人種論もしくは三 (四) 大人種論が無効であることを裏付けているのである。」内堀・スチュアート (2008) 25頁。
　　「新しい概念，純血－ユダヤ人問題が初めて人種差別的な色合いを帯びだしたのは15世紀中葉，スペインにおいてである。」(フォンテット (1989) 38頁) 洗礼をして改宗させてもひそかにユダヤ教の儀式に従い続けた人々が多く居た。そのためこれらのユダヤ教とキリスト教の折衷的な人々を他から明確に区別するために，「旧キリスト教徒」と言う概念が登場した。旧キリスト教徒とは「純血を証明できるもの，すなわち祖先にコソンベルソス (改宗ユダヤ人) がいないことを示せる者」のことであったと説明されている。なおこの概念が登場したことによって「このことはまさに庶民にとって，安っぽい貴族階級の形成を意味した。スペインの多数の大貴族には若干ユダヤ人の血が混じっていると言うことがよくあっただけになおさらだった。」(フォンテット (1989) 39頁) とされている。その後このきっかけが「(中略) 17世紀に，一種の疑惑が広まって，やがてそれは脅迫観念となっていった。」(フォンテット (1989) 39頁) として概念が広まっていく様子を示している。
　　「2002年度版のある高校地理の教科書では「人種と」は「人類を身体的な特徴によって分類したときの区分単位」で，人種分類として「モンゴロイド，コーカソイド，ネグロイドなどの人種群」をあげています。『広辞苑』(第五版) では，「人間の生物学的な特徴による区分や単位。皮膚の色を初め頭髪・身長・頭の形・血液型などの形質を総合して分類される」と記述されています。しかし結論から言えば，今日大半の専門家の見解は生物学的な人種は存在しないというものです。」綾部 (2006) 72頁。
　　「重要なことは，皮膚の色や頭髪，身長，頭の形などの人間の形質は，環境や突然変異によって多様で，明確な境界線が引けるものではなく，あるのはクライン (cline) と呼ばれる勾配だけであることです。またこれらの形質間に相関関係は見られません。つまり「人種」の前提となっている，さまざまな形質が1つのセットになって特定の集団に見受けられると言うことはないのです。」綾部 (2006) 73頁。
　　「ダーウィンによれば，完成された種であるかどうかを見分ける基準は，それらが混雑した場合に不妊，または不妊の子を産むことであるのだが，人類の中にはそのような種は見出せないことがすぐに明らかになった。古典的な白人と典型的な黒人や蒙古型との間にさえ，多くの子が産まれるというのは歴然とした事実である。異なる民族集団間の混血は歴史上常に起こっていたことであり，交通手段の発達によって人間の移動性が高くなるにつれて，その確立はますます高くなっていったのである。」Benedict (1997) p. 28.
　　「人種的な純粋性が達成されたといえるのは，ただそれぞれのキョウダイ集団 (一父母より生ずる兄弟姉妹) の遺伝形質が，他のすべてのキョウダイ集団と同じになった場合だけである。つまり遺伝法則通り各キョウダイ集団内でいくつかの形質の再結合がみられることはあるとして

第1の命題で"純血種"の存在についてすでに否定したため「純血種は生物学的に他の人種に優越する。この優越性は同時に，心理的，社会的文化的，精神的優越性という形を取って現れる。」という第2の命題もすでに否定された，とメンミは結論づけている。第2の命題を論じる上でそのような前提がなかったとしても「なぜ生物学的純粋が不純よりも優れているのか[64]。」と問いかけている。その問いに対して「仮に生物学的優越性がそれ自体存在しているとしても，この優越性が心理的，精神的な何か別の絶大な力に姿を変えるとは，何も証明していない。健康も美も，絢爛豪華な引き裾模様のように，知性，高貴な感情，芸術的才能，気高い精神性を自動的に引き連れるものではない[65]。」と議論を展開している。また第3の論「この多種類の優越性は優越集団の支配と特権を説明し，正当化する。」については，「なぜ自然の優越性が，それがどんな種類のものであれ，特別の恩恵を得る権利を与えるのか[66]。」と問いかけている。またその問いかけに対して，「能力はそれなりの評価を受ける…。もしそうでなければ，まったくの特権と化してしまう[67]。」とした上で「純血種も生物学的均質集団もまずは存在しない。仮に存在するとしても，生物学的に優秀だということにはならな

も，数世代にわたって内婚が続くうちに，同じ形質を分かち合った結果として，これらすべてのキョウダイ集団が互いに似通ってくる場合である。隔離されたテネシー峡谷における山地の白色人，祖先が初期のヨーロッパ植民地の男とホッテントットの女である南アフリカのバスタードの社会，マレー群島のキサール島における，オランダ人の父とマレー人の母とを祖先にもつ一社会，これらの集団において，すべてのキョウダイ集団はみな遺伝的に似ている。（中略）形質人類学者がこれらの社会の一キョウダイ集団を計測すれば，彼は全てのキョウダイ集団を計測したのとほぼ同様であり，1つのそれは全てのそれのきわめて妥当な見本となりうるのである。人種上のいかなる研究においても，このようなことがある人種の到達した同質性の度合いを明らかにする指標である。しかし，相互になんの交渉ももたない多数の系統が普遍的に存在し，一キョウダイ集団の計測をもって他のキョウダイ集団の代表とすることが到底出来ないヨーロッパ都市部の中心地帯では，このような状況に至ることはない。それでも，この方法で計測された同質的な人種こそが，人間の種の中にあって意味をもつ唯一の「純粋人種」であるのだ。計測人類学的な調査では純粋人種とはいえないヨーロッパ諸国民が，「純粋な」血液をよりどころとして，その優越性を主張しているというのも皮肉なことである。」Benedict（1997）p. 70-71.

64　メンミ（1996）17頁。
65　前掲書，20頁。
66　前掲書，21頁。
67　前掲書，23頁。

いはずだ。生物学的に優秀だとしても，だからといって必然的に高い能力が授けられていることにはならず，また，文化的に進歩しているわけでもない。仮にそうだとしても，より多く食べ，より快適に住み，よりよい条件で旅行をする不可侵の権利を持つことにはならない[68]。」と結論づけている。メンミは「理論の欠如が明白なこのもくろみの論理的不整合を暴きだすだけでは不十分だ。また英知の影すら全く認められないこの手口の哲学的野望を軽蔑するだけでも十分ではない。人種差別の形式主義的立論を反駁するだけでも十分ではない[69]。」と批判した上で「人種差別の言説を支配し，その行動を指揮する感情と信念を明るみに引き出す必要がある[70]。」とより根本的な理論構築の必要性を訴えた。

　メンミは議論の構築を始めるにいたって，人種差別の観察を行っている。人種差別主義は，メンミの中で現実の[71]，共通した[72]，社会化[73]された体験と

68　前掲書，23-24頁。
69　前掲書，26頁。
70　前掲書，26頁。
71　前掲書，27頁。「人種差別主義は現実の体験である」という項目が設けられている。またその項目の出だしは，「しかしだからこれは取り組みやすい問題だと楽観的に幻想を抱いてはならない。感情よりも論証の方が打ち破りやすい。体験よりも言説の方が反駁しやすい。人種差別主義が日常の体験にその起源をおき，そこから養分を得ているからといって，安心してはいけない。その平凡な起源が，逆に，人種差別主義の不透明性，執拗性を増大させている。」（27頁）と差別が現実の体験であることと，現実の体験であるがゆえに複雑であると言及している。
72　前掲書，34頁。「人種差別はまず第一に現実の体験である。それはまた共通の体験でもあり，非常に多くの人に共有されている。」とした上で，「レベルにいろいろ違いはあるが，各人が各人なりに，多様な，しばしば相矛盾した論拠を基にし，互いに相手を疑い，彼らは彼らでわれわれはわれわれなのだからと，頭から他者に有罪を宣し，他者をすべて拒否していたのだ。これは皆に共通の相互的傾向であり，ほとんどの場合，力のなさと力への要求から生まれるものであった。」（35頁）としている。さらに共通であるという点を示す例として，支配者，被支配者双方に人種差別主義が見られることを本文中で指摘している。「支配者である植民地の本土出身者は，自分たちの優劣性を正当化するため，文字通り人種差別主義者である必要があった。」（35頁）「だが，被支配者も同じように彼ら独自の人種差別主義を持っていた。彼らを誘惑するヨーロッパ人に対してというよりは，他の，自分たちより傷つきやすい集団に対してである。こうした集団に，今度は，彼らが同じ仕方で働きかけて埋め合わせをすることができたのだ。」（35頁）としている。
73　前掲書。「以上から，結局，人種差別はある特定の社会的状況の中でまさしくある特定の形をとる，という事実が引き出される。」（36頁）「人種差別は純粋な感情でもなく，分析の抽象的結果である純粋概念でもない。それは具体的に生きられる体験であり，破壊的な二重唱に参加する，各々別個の世界に属した二個人の関係である。」（36頁）「人種差別は，同時にまた，二つの

して論じられている。その後，メンミはこれらの観察から差別の特徴として，「差異を強調する」「差異を価値づける」「告発者に有利な形で価値づけを利用する」と3つの点が重要であると挙げている。またこれら3点を盛り込んで「人種差別は差異を強調し，差異を価値づけ，そして最後に，告発者に有利な形でこの価値づけを利用する点にある[74]。」と人種差別を説明した。しかし，これら3つ全てが人種差別と等しい関連性を持つわけではないことが，その後の議論の中で補足されている。例えば差異の強調については「要するに差異の確認は人種差別主義の範囲には入らない。それは確認の問題に過ぎない[75]。」としている。さらに第2点目の差異を価値づけるという点においても「自分たちの利益になる形で差異を価値づけることさえ，まだ，人種差別的思考法の十分な論拠とはならない[76]。」としている。だが，最後の3点目に関しては「結局，紛れもなく人種差別主義者になるのは第三点によってのみである。つまり，他者に敵対する形で差異を利用し，こうした烙印を他者に押すことによって，利益を得ようとする点にある[77・78]。」としている。

帰属関係の間の衝突であり，この両者は，争いの調停も拡大ももたらし，また，アリバイと神話を支え，強化するイメージや論拠を提供する。要するに，人種差別は文化的所与，社会的，歴史的所与である。」ともしている。（36頁）「その上，この全体化は避けがたい人種差別の社会化で補強されている。」（109頁）「人種差別には情緒的・感情的な根があるが，その表現は社会的である。つまり人種差別は文化的命題でもあって，未来の人種差別主義者は子供の時から，まわりの空気の中に，親兄弟の物の考え方の中に，文化的習慣の中に，ついで学校，街の中で，新聞雑誌で，さらにはみなが称賛せよと薦めている，またたしかに称賛に値する人たちの本の中にこの命題を見出している。」（109頁）「人種差別は各人の感情の動きを伝える共同言語である」（110頁）「人種差別の手口は二重に社会化されてさえいる。つまり，その言説においてとその標的において。この言説は，ある集団によって表現され，他の集団に向けられるものである。」（110頁）

74 前掲書，39頁。
75 前掲書，39頁。
76 前掲書，40頁。
77 前掲書，41頁。
78 さらにメンミは「間違っているか否かは別にして，植民地支配を受けたある民族が，テクノロジーの面で，他の民族より劣っていると断言することさえ，まだ人種差別とは言えない。これは議論の対象とされて，証明あるいは否認されるべきものである。だが植民者はこの確認，あるいはこの間違いに満足することはなかった。彼らはここから，自分たちは被植民者を支配できるし，すべきだと結論づけたのだ。そして実際，彼らはそのようにした。被植民者の無能力を理由に，彼らは植民地における自分たちの存在を説明し，正当化した。」（41頁）として，差別要件三点とケースを適応させてさらに説明している。

順じてメンミは人種差別の定義を広義に「人種差別とは，現実の，あるいは架空の差異に，一般的，決定的な価値づけをすることであり，この価値づけは，告発者が自分の攻撃を正当化するために，被害者を犠牲にして，自分の利益のために行うものである[79]。」とし，狭義に「人種差別とは，現実のあるいは架空の生物学的差異に，一般的，決定的な価値づけをすることであり，この価値づけとは告発者が自分の攻撃を正当化するために，被害者を犠牲にして，自分の利益のために行うものである[80]。」としている。

このように定義が差異や支配者の正当化に大きく依拠することから，これらの事柄についてもう少し説明する必要があるだろう。まず差異についてであるが，メンミは「要するに，差異は不安の基だ，とはっきり認めねばならない。なぜなら，差異は未知に属し，未知は脅威でいっぱいに見えるからだ。差異は時に人を魅了するとしても，不安にもさせる[81]。」や「人種差別は差異を解釈するところからしか始まらないのだ。差異を基にして，人々は話を捏造し[82]，時には他人を攻撃する。この解釈[83]が好意的なものなら，そこから生まれる夢も快適なものとなり，攻撃性は存在しない。だが快適であろうと，不快であろうと，差異が中立的でないことには同意しなければなら

---

[79] 前掲書，98頁。
[80] 前掲書，99頁。
[81] 前掲書，31頁。
[82] 「もし差異が存在すれば，それを解釈するし，もし存在しなければ，作り出す。」(55頁)「結局こうした首尾一貫性のない激しい告発が，告発者に有利に働いているからではないか。なぜなら，比較はつねに告発者に有利になされているではないか。人種差別主義者が自分に固有の必要性から犠牲者像を作り出していることは，誰の目にも明らかだろう。この神話の再構築は，告発者側にとって彼が実践しようと願い，またすでに実践している抑圧に固有の媒介物，アリバイの機能を果たしている。」(57頁)
[83] 前掲書には差異を巡る解釈について多くの記述がある。「実は両者（差別者，被差別者共に）とも差異は悪だと想定していたのだ。」(49頁)「植民者は被植民者を苦しめるために差異を強調したし，反植民地主義者は被植民者を守るために差異を否定したのだ。」(50頁)同時に差異の解釈が段階によって変化することについても述べられている。「一体化で自己主張ができなければ，差異で自己主張をしなければならない。」(52頁)「第一段階では，支配者が被支配者に対して己の差異を主張し，第二段階では，被支配者が支配者に対して己の差異の権利回復要求をした。私はこの対称をなす第二段階を「振り子の揺れ戻し」と命名するよう提案した。」(52頁)「差異は存在することもしないこともある。差異自体は良くも悪くもない。人は差異を指摘したり，否定したりすることによって人種差別主義者，反人種差別主義者になるのではなく，誰かに敵対し，自分の利益のために差異を利用することによってそうなるのだ。」(54頁)

ない[84]。」としている。メンミは結論部分に人種差別主義の対処について論を展開しているが、それは差異と密接に関連したものになっている。例えば「人種差別に対する闘いは、幼少期から死まで続くたゆまぬ教育学を必要とする[85]。」や「子供、若者、大人に、差異を怖れないだけでなく、差異を楽しむよう教える必要がある[86]。」という点に差異との関連を見ることができる。

メンミは人種差別の意義を「人種差別の究極目標は支配にある[87]。」としている。これはメンミが頻繁に言及する「差別者の自らの行動の正当化」に密接に関係している。メンミは人々が支配を達成するにあたって自らの行動を正当化するのは、"倫理的パラドックス"による作用としている。メンミは「人間も他のあらゆる生物同様、同胞や他の存在に対し、盗みを働き、圧し潰し、殺す。しかし人間はその説明と自己正当化が必要だと感じる[88]。」と同時に「人種差別は自分の持っている何らかの利益を失うのではないかという恐怖、あるいは何らかの利益を奪い取ろうと思う相手、そのためには支配しなければならない相手に対する恐怖、要するに現実の、ないしは潜在的な特典の擁護という動機に基づく攻撃である[89]」と書いている。そしてその感情が「自分の利益を正当化しなければならない[90]。」という意識の発生源

84　前掲書、33頁。
85　前掲書、142頁。
86　前掲書、143頁。
87　前掲書、58頁。「支配」という言葉に対しては、前掲書の中で経済的搾取も含めて複数のイメージが描かれる。「犠牲者の方は、彼らを無価値な存在にしようとする執拗な攻撃にさらされ、ついには破壊されてしまう。」(59頁)に象徴されるように、差別の内在化についても論じられている。他にも「(中略)なぜ彼がイスラム教徒はイスラム教徒に留まるように説得しようとするのか、と尋ねたことがある。それに対して彼は正直に「キリスト教徒がキリスト教徒であり続けるためにね」と答えた。」(71頁)「相手の抹消を願うと同時に、相手が固有の相貌を保つようどうして願えるのだろう。」(71頁)「支配者はみなそうだが、人種差別主義者は犠牲者を消耗しつくし、死に至らしめるまで、支配する必要がある。そして、それと同時にこれからも利用し続けられるよう、犠牲者に生命はもちろん、力さえも残しておく必要がある。」(71頁)「植民地化と計画的集団殺人との境目は植民者の要求によって自由に動かされる。そうでなければ盲目的殺人、大量虐殺となる。」(71頁)などのように支配という目標が副作用として生み出す効果についても論じられている。
88　前掲書、61頁。
89　前掲書、101頁。

であるとしている。そのためメンミの中で論じられている"特権"は「(中略) 不正の意識があるとき，初めて特権が存在する[91]。」と定義されている。なお，この特権をめぐって「富者の場合は逆に，言説の激しさ，そこから出てくる人種差別は彼の確信に反比例していることを覚えておこう[92]。」という指摘に見られるように，特権の所有権に対する不安が人々の差別行動の激しさを左右する要因として語られている。

また差別者に正当化の必要性を感じさせる要因である利益に対しては，「たとえ利益の性質がすぐ明らかではないにしても，人種差別主義者の手口は決して利益と無関係ではない[93]。」と説明している。つまり利益についても様々な要素がメンミの中で描かれている。「人種差別は実は経済的武器である[94]。」というものから，「人種差別主義者の利益とは，他者の価値をおとしめて手にされるすべての利点，と定義できるだろう[95]。」のように広義なものまで幅広い。他にも生贄として外部の者が罪を負う構造[96]と同様に，罪が被差別者に被せられる必要についても「外部に原因が求められ，外部に投影され，具現化された悪は，われわれから切り離され，それほど恐ろしいものではなくなる。こうした悪は操作し，処理し，火で焼き尽くすことが出来る。火というこの共通分母に注目すべきだ。火はわれわれ自身をも含めて，すべてを浄化する … ただし他人を焼くことによってだが。このほうが経済的なのだ[97]。」とし，被差別者が差別者にもたらす利益が論じられている。

メンミの理論では，根拠のない特権や支配を維持するために，正当化が行なわれ差別が発生する。正当化が後付けされるのであれば，当然状況によっ

90　前掲書，61頁。
91　前掲書，103頁。
92　前掲書，104頁。
93　前掲書，62頁。
94　前掲書，62頁。
95　前掲書，62頁。
96　この構造という言葉は，「この不幸な動物に共同体の罪をすべて背負わせ，動物は共同体の罪を軽くした。」(64頁)「群集の下す制裁に，たとえ無実でも，外部の責任者を引き渡せねばならない。」(65頁) というように，責任の所在に関わらず外部に攻撃性が向かう仕組みを示すために用いた。
97　前掲書，66頁。

て，特権や支配を維持するための理論は変化し得る。メンミは正当化が文脈によって変化する様子を，反ユダヤ主義の歴史を辿ることで示している[98]。「かくして歴史の教訓は明白である。人種差別は生物学にも経済にも心理学にも形而上学にも限定されるものではない。それはご都合主義の告発であり，眼前にあるもの，さらには眼前にないものさえ利用する。なぜなら，この告発は，必要とあらば，でっちあげもするのだから。人種差別が機能するためには一本の軸があればよい。何でも良いのだ。肌の色，顔の特徴，指の形，あるいは性格，風俗…。もしこれらが説得的でなければ人種差別は神話的な特徴を持ち出してくるだろう[99]。」と反ユダヤ主義の歴史を振り返った結果をメンミはまとめている。メンミが論じた差別の定義では，支配や特権という目的が先に存在し，後からそれを正当化する理論が作られるため，差別の歴史を振り返ると一貫性の無さが露呈してしまうことが指摘されている。メンミの理論は，優勢劣敗が自然法則だとする人種差別の言説に，明確なアンチテーゼを発し，特権の正当化として発生する差別を明確にした点で優れている。

2　排除の性差別 —江原・差別の二重構造—

人種差別に続いて性差別の分野について議論を進めていきたい。代表的な一例として江原（1985）の性差別の定義を取り上げたい。江原は冒頭で，「一体何が「性差別」なのか判然としないのである[100]。」と性差別を論じることの難しさを告白している。その理由として「日常生活の中に深く入り込み，われわれの常識の中に根をおろしている「性別」に関するさまざまな概念が，「性差別」を「差別」として論じることを困難にしている[101]。」と述べている。なお，性差別を論じるにあたって江原は議論の必要性について整

98　前掲書，73-88頁。「4　歴史の教訓」という項目で論じられている。
99　前掲書，80頁。
100　江原（1985）61頁。
101　前掲書，61頁。性差別を差別として論じる難しさから「実際，「女性論」や「女性問題」に対する文献は山ほどあるのに，「性差別」を論じたものはきわめて少ない。」（61頁）と言う現象を生んでいることも江原は指摘している。

理している。「形式的な「性差別」という問題の立て方だけでは女性問題のほとんどは論じることができないのである。それゆえ「女性問題」は「性差別」に還元して論じることはできない[102]。」とした後に、「それにもかかわらず、「性差別」を論じることは非常に重要である。なぜなら「性差別」は「女性問題」のあらゆる領域を語る時に必ず関与するからである[103]。」と記している。続けて「そのためには、「女性問題」に通常からみついている「性差別」としての次元を切り離して論じる必要がある[104]。」と性差別に限定して論じる必要性を示している。

　江原の議論はまず差別とは何か、と問うことから始められている。江原はこの問いかけを吟味した結果、「すなわち、被差別者が「差別」されているのは、不利益をこうむっているからではなくそのことが当該社会では「正当化」されぬからであり、同時にその「正当化」されぬ根拠が、別の論理によってあたかも正当なものであるかの如くに通用してしまうからである[105]。」と被差別者が差別されている状態を説明した。なお、このように不

102　前掲書、62頁。
103　前掲書、62頁。「形式的な男女平等の制度的確立が効力を持たぬ根拠として、女性の「本来家内性」が持ち出され、「家事」の平等分担が問題を解決しない根拠として、女性の「母性」が持ち出され、人工妊娠中絶の議論においては、女性の生きている「妊娠文化」や「生命価値」観が逆にまったくとりざたされない。これらの根拠は、それが「性差別イデオロギー」であるか否か検討されることもなく、議論の中に入り込んでいる。」（62頁）と性差別と女性問題が関連しあう様子を具体例で示している。
104　前掲書、62-63頁。なお本文中で「たしかに、反「性差別」のみを女性解放の目標とするならば、その限界性は明白であるが、「性差別」批判の意義は否定されてはなるまい。それは、まさに女性解放の課題とは何かを明白にするためにこそ、不可欠のものなのである。」（63頁）で補足されている。
105　前掲書、64頁。この結論が出た経緯として「「差別」が簡単なことと思われてきた背景には「差別」が現実的な利益や不利益の不平等分配と等しく考えられてきたことがあろう。平等は悪いことである。なぜなら現代社会は平等な社会だからであるというわけだ。だがこれは、一見正論のようでいてまったく現代社会を「見て」いない理論だということは明白である。現代社会には現実に利益や不利益の不平等分配は数限りなくある。能力主義にもとづく昇進や賃金格差は津々浦々にいきわたっている。その場合、人々がそれに対して「差別」だといって批判しないのは、それが「正当な」ものとして社会的に承認されているからである。だが、相手に不利益を与える不当な行為がすべて「差別」であるわけではない。あからさまな攻撃や虐殺は「暴力」であったり「犯罪」であったりするかもしれないが、「差別」ではない。この場合、「差別」は先の言明とまったく逆に、その不利益を与える行為が、あたかも「正当な」ものであるかのごとく被差別者に了解されることを意味する。」（63-64頁）という議論が展開されていた。

当な状況が正当とされてしまう状況を踏まえて「現代社会における被差別者の位置は，このようにきわめて「特殊」である。被差別者が「特殊」なのではなく，被差別者のおかれた位置が「特殊」なのである。すなわち，被差別者は「差別」問題に「はめられて」しまっているのである[106]。」と差別が引き起こす状況のねじれを指摘している。このねじれの原因として「「差別」問題も全く同じ構造[107]を持っている，多くの「差別」問題は，こうした「現実的」不平等を正当化する装置によってそもそもそれが不当なものであるという認識をコンセンサスとして得られにくい構造を持っている[108]。」と構造の存在を示している。この構造の性質を取り上げて江原は「それゆえ，被差別者の怒りは直接にはこうした「差別」問題の枠組自体，その根源的な不当性とその非対称性自体に向けられている[109]。」と被差別者の憤りを説明した[110]。さらに通常"差別の構造"が"平等"という観念の下，覆い隠されてしまう問題を指摘している[111]。「単なる財の平等分配の強制的確保では「差別」はなくなりはしないことはあたりまえのことなのである[112]。」と平等と

106　前掲書，64頁。
107　「「差別」問題も全く同じ構造を持っている。」(65頁) という部分は前文の「たとえば，子どもはさまざまな権利を否定されているが，それに対して「不当」であるという批判はあまり聞かれない。それはそもそも「子ども」というカテゴリーが「平等」の処置をすべき対象を含む集合から，「排除」されているゆえである。」(65頁) という議論を受けている。なおこの構造を江原は後に「装置」(65頁) と言い換えているが「それを装置と呼んだのは，それがほとんど解明されておらず，あたかも「自動的に」作動するように思われるからである。」(65頁) とさらに説明している。
108　前掲書，65頁。
109　前掲書，65-66頁。
110　「女性に対し男性と同様の処置をすれば「性差別」は解消するというものではない。むしろこうした態度は，女性の怒りを増すだけのことが多い。なぜなら，こうした考えの背景には「女性が望んでいるのは男性と同じ地位や成功だろう」といった思い込みがあり，その思い込み自身が差別の論理から生まれているのだという認識がまったく欠けているからである。」(66頁) と間違った理解から発生するさらなる怒りについても補足している。
111　「それゆえ「差別」の問題の本質は，財の希少性一般に基づく財の不平等分配自体ではない。だが，そのことは意外に充分に論じられてはいない。財の不平等分配をもって「差別」の存在が明白とされ，それ以上追求されないことが多い。それゆえ「差別論」はしばしば空疎なものとなる。被差別者の怒りは空転し，差別者側に届くことがない。それは「差別」を「平等」という価値理念にそむくものと簡単に定義してしまい，「差別」がきわめて複雑な意識的・言語的装置であることが認識されていないからである。」(66頁)
112　前掲書，66頁。

いう概念に議論が翻弄されてしまう現状を批判し，平等という概念から抜け出す必要性を訴えている[113]。

江原は「従来，現実的な不平等以外の「差別」の側面は「差別意識」や「差別心理」，またアイデンティティ問題として論じられてきた[114]。」とし，先行研究を振り返っている。「だが，この視角だけでは充分ではない[115]。」とこれらの先行研究を批判している[116]。その根拠として「なぜなら第一に「差別」は必ずしも被差別者側の「差別」しようとする意思を必要としない[117]。」と「第二に，被差別者の側の問題を，アイデンティティ受容の問題として定義しがちである[118]。」が「被差別者は，差別者と同一になることを欲しているわけではないことが理解されないのである。だが逆に，アイデンティティ問題として被差別者の側の問題を論じることによって，「差別」の不当性に対する議論は欠落してしまう[119]。」という点を挙げている。「被差別者の持つ焦燥感の淵源[120]」こそが明らかにされるべきであり，「それには，「差別」を単に「現実的な」財の不平等や，「心理的」な問題に還元してしまっては不充分である。「差別」は利益を求める目的的行為でもなく，病的な異常心理でもない[121]。」としている。さらに「それゆえ「差別」を意識的・言語的水準に限定し，形式的に記述する試みが必要なのである[122]。」と議論の新たな方向性を示した。

江原は差別の構造を明らかにするために，差異を論じさせられてしまう仕

---

113 前掲書，66-67頁。「それゆえ，「平等」という価値が大前提とされ，現実的な不平等性が指摘されるだけでは「差別」は論じられない。」と限界を指摘している。
114 前掲書，67頁。
115 前掲書，67頁。
116 先行研究の功績として「こうした視角は，差別者の側に不安感や不満感を見出し，それが被差別者に向けられてスケープ・ゴートを生み出す過程を明らかにした。また被差別者の側には自らのアイデンティティを受容できず，差別者側の価値観を受容してしまい「差別」の共犯者となっていく心理的傾向があることを明らかにした。」（67頁）としてはいる。
117 前掲書，67頁。
118 前掲書，68頁。
119 前掲書，68頁。
120 前掲書，69頁。
121 前掲書，69頁。
122 前掲書，69頁。

組みについて説明している。その足がかりとしてアルベール・メンミの差別主義の定義を「差別主義とは，現実上のあるいは，架空の差異に普遍的・決定的価値づけをすることであり，この価値づけは告発者が己れの特権や攻撃を正当化するために，被害者の犠牲をも顧みず己れの利益を目的として行なうものである[123]」を取り上げている。江原は前述の定義から以下の3点を要件として取り上げているので本文から引用した[124]。

(1) 現実上あるいは架空の差異の強調
(2) 被差別者に対して不利をもたらすようなこの差異の価値づけ
(3) 現実に存在する不平等の正当化

江原はこれらの要件に対応して考えられる批判を次の3点として挙げているので以下のように本文から引用した[125]。

(1) 現実上，あるいは架空上の差異が「存在しない」，あるいは存在したとしても「それほど大きな差異ではない」ことを強調し，差異の存在それ自体を否定する
(2) 差異の存在は認めるとして，その差異に被差別者に不利なような価値づけ，すなわち「劣る」「悪い」等々，被差別者の価値を低下させるような価値づけを批判する
(3) 差異，あるいは評価づけがどうであろうとも，不平等な待遇は不当であるとして批判する。

江原は「ところが，こうした「反差別」の論理は正当すぎるぐらい正当なものにもかかわらず，しばしば空転し，有効な批判とはなりえなくなる[126]。」とこれらの批判の無力さを記している。またこれらが無力になる理由を「なぜなら「差別主義」の三要件は相互に関連しあっており，そのこと自体を把握することなくしては，論理のあやの中に巻き込まれてしまうからである[127]。」と説明している。江原が指摘する論理のあやは，「不平等な待

123　前掲書，69頁。
124　前掲書，69頁。
125　前掲書，70頁。
126　前掲書，70頁。
127　前掲書，70頁。

遇はいかなる状況においても許容されるべきではない[128]」という信念が近代社会では主要な価値観になっている一方で，現実社会には不平等が存在するという点である。また，現在存在している不平等は，常識によって不平等と認識されていない[129]。江原は対策として「「不平等」を「不平等」として認識させるためには，論理的に，差別者と被差別者が同一カテゴリーであるということを根拠とせざるをえない[130]。」と記している。この対策は「しかし，「不平等」が「不平等」として認識されない社会においては一般に差別者と被差別者のカテゴリーが別であるということが「常識」となっている。差別者と被差別者は「差異」があり，別のカテゴリーに属しているということが「常識」となっているのである。それゆえ，反「差別」の言説は必ず「差異」に言及せざるをえなくなる[131]。」とし，反差別の言説が差異に向けられていく理由を説明している。基本的に「(1) 現実上，あるいは架空上の差異が「存在しない」，あるいは存在したとしても「それほど大きな差異ではない」ことを強調し，差異の存在それ自体を否定する[132]」という主張を取るのだが，この主張が「(2) 差異の存在は認めるとして，その差異に被差別者に不利なような価値づけ，すなわち「劣る」「悪い」等々，被差別者の価値を低下させるような価値づけを批判する[133]」と関連していく。その理由を江原は「なぜなら，「常識」として分け持たれている「差異」は必ず特定の問題枠組により評価された「差異」だからである。一般に「事実」と「評価」の峻別は困難である[134]。」とし，そのため「「差異の指摘」をまったく「評価」的意味を含まずに行なうことはほとんど不可能である[135]。」と指

128　前掲書，70頁。
129　「たとえば，現代日本社会ではさまざまな応募条項に年齢や学歴，資格等の詳細が明記されている。だがそれについて「差別」であると言わないことが多い。つい最近まで，性別もそうであった。年齢や学歴の制限などにより明らかに不利益が特定の人々に対して与えられているにもかかわらず，それは問題にされないのである。」(70-71頁) と実例を挙げて指摘している。
130　前掲書，71頁。
131　前掲書，71頁。
132　前掲書，70頁。
133　前掲書，70頁。
134　前掲書，71頁。
135　前掲書，71頁。

摘している。つまり「差異」の存在と評価の議論は関連しあっている。そのため「(1) 現実上，あるいは架空上の差異が「存在しない」，あるいは存在したとしても「それほど大きな差異ではない」ことを強調し，差異の存在それ自体を否定する[136]」と「(2) 差異の存在は認めるとして，その差異に被差別者に不利なような価値づけ，すなわち「劣る」「悪い」等々，被差別者の価値を低下させるような価値づけを批判する[137]」という主張を前提にしないでは「(3) 差異，あるいは評価づけがどうであろうとも，不平等な待遇は不当であるとして批判する[138]。」が成立しないため，「すなわち「反差別」の言説はすべて「差異」をめぐり展開してしまうのである[139]。」という状況が生み出されてしまう。このように差別を論じることが差異をめぐる議論に終始することは，差別と差異の間に深い関係があるような錯覚を生み出すと江原は結論づけている[140・141]。だが，江原は「本章で明らかにしたいのは，先のよ

---

136 前掲書，70頁。
137 前掲書，70頁。
138 前掲書，70頁。
139 前掲書，72頁。
140 「それゆえいま必要なのは「差異」一般を否定することではなく，「差異」の内容に深く入りこみ，それを吟味し，論じわけることであるかのように思える。むしろ積極的に「差異」を位置づけ，論じ直していくことのように思える。」(74頁)「それは「差異」を論じるように要請するものがまさに「差別」を生み出す論理であるからである。」(82-83頁)
141 差異を詳しく論じる議論として江原は具体的な例を示している。「たとえば，次のように「差異」を，（一）身体的・自然的な差異，（二）社会的・文化的に構成されたところの「差異」，（三）支配的集団の偏見としての「差異」等に分析するなどがその例である。（一）は障害者，老人，女性など，自然的・身体的な水準での「差異」を指し，（二）は財産，教育，労働条件等における「現実の不平等」から生み出されてしまった「能力」や「意欲」「意識」などにおける「差異」を指し，（三）は支配者集団が被差別者集団に対して与える様々な「偏見」を指す。そして（三）に対しては被差別者による自己ないしは差別者に対する批判によって，（二）に対しては「現実的な不平等」をなくし，それにより「構成された差異」それ自体をなくしていくことによって，「差異」を否定すべきものとする被差別者側の「思い込み」を生み出す状況を変革していくけれども，（一）の実在的「差異」はむしろ積極的に承認していこうとするのである。なぜなら身体的・自然的次元での「差異」はけっして否定すべきものではなく，むしろ人間の多様性と関係における豊かさを生み出す積極的契機となることが可能だからである。「差異＝悪」としてしまう社会は，同質的存在しか許さない社会であり，そうした社会では「差別」は再生産されてしまうであろう。なぜなら，そうした社会を構成している人々の感性は「差異」の豊かさに向かってひらかれてはいないからであり，まさに変革すべきはこうした感性自体であるとされる。」(73頁)

うに,「差異」の内容に詳しく立ち入り論じわけることは,「差別」現象を明らかにすることには無関係であるということである。「差別」は「差異」を根拠にしていない[142]。」と差異を論じることと差別との関係性を否定している[143・144]。「実際,様々な「差別」において,その「差異」の定式化はしばしば時代によって異なるし,その評価もまちまちである。それらの「差異」は当該社会において「正当」とされる価値観によって定義され直すのである。ジプシーに対する「差別」は中世社会においては「宗教的差異」を根拠としてなされ,今日においては「住民登録」の無いことを根拠としてなされるというように[145]。」と具体例を指摘している。そこから「「差異」がいくら実在的に存在したとしても,実際社会の中には実に多様な人々がそれぞれ固有の状況をかかえて生きているのであり,そのことを考えれば差別者と被差別者の間の「差異」だけがなぜカテゴリーとしての被差別者全員に対して

---

[142] 前掲書, 75頁。

[143] 差別を差異で論じようとすることは,多くの問題を生む。その例として以下が挙げられている。「「差異」の次元を区別して,被差別者の側の属性をどの次元の「差異」に対応するか決定していく作業は,当然,被差別者側の分裂と対立をひきおこす。たとえば,妊娠や出産を繰り返し経験している女性は,身体的次元の「差異」は,「労働能力」の差異を生み出すと主張するであろうし,子どもを持たないことを選択した女性,あるいは持ちえない女性は,「労働能力」における男女の「差異」は「偏見」にすぎないと主張するであろう。ここで後者を「差異」をなくすという方向での「貧困な開放イメージの担い手」と批判することは簡単である。または,一般の女性の情況を「理解せず」自分の利益だけを主張する「エゴイスト」と批判することは簡単である。だが,なぜ被差別者だけが,自己の主張の「論理性」を断罪されねばならないのか。」(77-78頁)「「差異がないのに差別されている」と怒ることは,では,「差異があれば差別されていいのか」という後者の側からの問いかけを必ず生む。それゆえしばしば,軽い「障害者」と重い「障害者」の間の対立は「健常者」と「障害者」との間の対立以上に深刻になる。」(78頁)「女性に対して,「女性は男と同じであるか,男とちがうか」という問いの二者択一をせまることは,どちらを答えても「不利益」を予想せざるをえないゆえに本質的に不当な問いなのである。」(85頁)

[144] さらに差異と差別が関連しないことを本文中で説明されている「(1)「差別」の本質は「差異」やその評価ではない。(2)「差異」やその評価は,その内容が差別者にとって利益をもたらすように不当に歪曲されていることが問題なのではなく,それらがあたかも「差別」の問題を解く鍵であるようにしくまれること自体が問題なのである。(3) こうした「差別の論理」自体が,「差別」の不当性を論証できぬようにしているのであり,「差別」がみえにくくなっているのは,差別者がおのれの「現実的」な利益を正当化しているからではない。」(83-84頁) 同時に,メンミ(1996)と異なった主張を展開させていることが分かる。

[145] 前掲書, 85頁。

適用される「差別」的処遇を必要とするのかということは説明されねばなるまい[146]。」という問いが新たに発せられている。これに対して「たとえば，障害者差別，性差別などは一見，「能力」や「身体的条件」に基く「差別」であるように思えるが，実際はそうではない。もし「能力」や「身体的条件」それ自体が差別の根拠ならば，それは「障害者」や「女性」を排除する論理を必要としないであろう[147]。」と指摘している。また「それらが必要とされるのは実は逆であって，「能力」や「身体的条件」を判断させる変数に性別や障害者と言うカテゴリーが使用されているのである[148]。」とした上で「すなわち，「能力」や「身体的条件」等の測定は実のところ非常に困難であり明示的でないのに対し，「性別」や「障害の有無」は明示化させられているので，それを「能力」や「身体的条件」の指標とする方が簡単なのである[149]。」と結論づけている[150]。なお，江原の中で論じられている排除とは「「差別」とは本質的に「排除」行為である[151]。」や「「排除」とはそもそも当該社会の「正当な」成員として認識しないということを意味する[152]。」と説明されている。そのため「「差別」は社会の中心的な組織形成のための，組

---

[146] 前掲書，86頁。
[147] 前掲書，87頁。
[148] 前掲書，87頁。
[149] 前掲書，87頁。また「だが，一般的な「障害者」などこの社会にはいないのである。いるのは単に様々な「障害」を持った人々だけである。実際その「障害」も単に社会構造からして，またはその基準からして「障害」であるにすぎない場合もある。ところが，「差別の論理」はまさにこうした「障害」を持った人々を「障害者」としてカテゴリー化し，「かわいそうな人」として「価値づけて」しまう。」（79-80頁）という点でも，補足できる。
[150] 江原は「性差別や身体障害者差別の論理はこの意味で二重化されている。女性や障害者はカテゴリーとして「差別」されているのだが，その根拠づけとして「能力」や「業績」，「身体的条件」が利用され，その測定のためにまた，性別や障害の有無などが指標として利用されているのだ。結局女性や「障害者」は，女性であるゆえ，「障害者」であるゆえをもって「差別」されているということができよう。それゆえ，いくら女性が「能力」があることを説明しても「差別」はなかなかなくならないのである。なぜなら女性は女性であるゆえに「差別」されているのではなく，男性でないために「差別」されているからである。」（87-88頁）と説明している。
[151] 前掲書，84頁。
[152] 前掲書，84頁。江原は付け加えて「それゆえ「差別」は差別者の側に罪悪感をいだかせない。なぜならわれわれが他者に対する「不当な」行為に対して罪悪感をいだくのは，他者を正当な他者として認識した時であるからである。」（84頁）と指摘している。

表 1　差別の理論

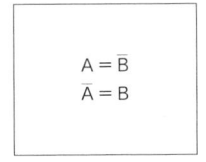

$$A = \bar{B}$$
$$\bar{A} = B$$

図 1

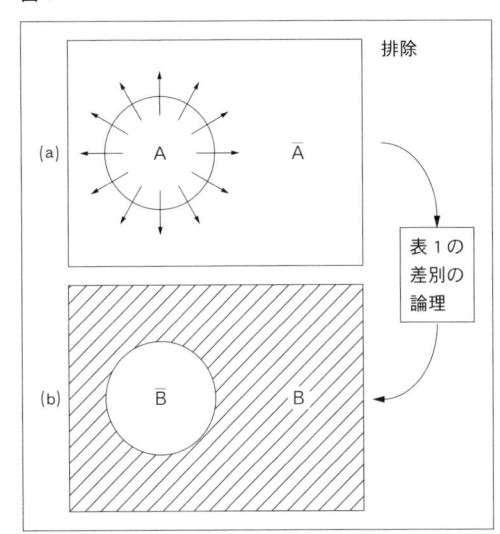

(a) A　　$\bar{A}$　　排除

(b) $\bar{B}$　　B

表1の差別の論理

出所：表1, 図1ともに江原(1985)『女性解放という思想』89頁より出典。

織論的必要から生み出されたのであろう[153]。」という推測を記している。江原で論じられた差別は表1, 図1のように表されている[154]。

表1で標識によって外に押しやられた人々すなわち「Aではない」と識別された人々に何らかの価値観すなわち「Aではない，つまりBだ」という評価がつけられる，という点で二重の構造を持つことが図1で示されている。

以上のように差別の構造を明らかにした後，江原は差別が明らかにされることの難しさに違う側面から立ち戻っている。例えば告発の難しさである。江原は告発を「すなわち，「告発」とは単に社会現象の中に非難すべき現象が存在することを描写するだけではなく，ある人々こそその有責主体であると規定し，彼らの謝罪あるいは釈明，弁明を要求することである[155]。」と

---

[153] 前掲書，88頁。「それは組織から特定のカテゴリーに属する者を「排除」することを目的としていると思われる。ある人々を「排除」することで，内集団の結束や凝集力を高めうることができるのかもしれぬ。」(88頁)

[154] 前掲書，89頁。

[155] 前掲書，92頁。

した上で「「告発」が「告発」であるためには，単にある行為に対する否定的評価では充分ではなく，その行為が共同規範に照らして不適切であることが立証されねばならない。「告発者」はその立証責任を負うのである。その立証ができぬままに他者を「告発」するものは逆に社会的な非難をこうむる[156]。」としている。告発にまつわる立証責任は前述してきた差別の複雑な構造の中でさらに難しくなることも江原は説明している[157]。また性差別に限って言えば「男と女というカテゴリーは，健常―異常といったカテゴリーと異なり，あたかも同等であるかのようにみえるのである[158]。」そのため「男と女の間の「差異」の存在は明白であり，それゆえ，男と女に対する様々な区別は「差別」ではないかのように思われるのである[159]。」とも指摘している。

　江原の議論を振り返って言えることは，メンミの議論と比較してさらに差異の取り扱いがより厳密である点や正当化の部分で異なる主張を展開している点である。また江原の議論は単純に"差別の定義"に焦点を当てた議論ではない。より"差別が論じにくい構造・理由"を明らかにした議論であったと言える。差異の議論を論じるように要請するのが差別の論理である[160]という指摘を理論的に示した功績は大きいと言える。

3　複合差別論 ―上野・複雑に葛藤する差別―

　上野（2002）は冒頭部分で「「複合差別」とは，有吉佐和子の『複合汚

156　前掲書，92頁。
157　「実際，「事実は何かを解明する」問題枠組の維持のためには，討論者が「自己の私的利害を抑制する」という規範が要求されている。それが「真に」可能か否かは別として，一般に，討論者が特定の利益を目的として発言していることが指摘されると，「事実に即した」論証の全体が無効化されてしまう。それゆえ，「差別の論理」にのったまま「差異」とその評価をめぐる議論を行うことは，論の立て方自体が自らの論証を無効化させることになりがちである。」（94頁）「すなわち「告発」すること自体が一つの「攻撃」として「解釈」され告発の立証を困難にするのである。あらゆる「差別糾弾」的行為につきまとうふっきれなさはこうした構図自体にはらまれる問題なのだといいうる。」（95頁）
158　前掲書，96頁。
159　前掲書，96頁。
160　前掲書，83頁。

染[161]』[1975]にならって，私が造語したものである[162]。」と説明している。上野は複合差別論を論じるに至った経緯を，「社会的な存在としての個人は，多くの文脈を同時に生きている。ひとつの文脈で差別を受けている弱者が，べつな文脈のなかでは強者であることはいくらもありうる。また，差別を受けている人々は，社会的な弱者として，しばしば複数の差別を同時に経験していることが多い。だが，その複数の差別のあいだの関係は，当事者個人のアイデンティティのなかでも複綜し，葛藤を起こしている場合がある。このような状態をどう概念化すればよいのだろうか，というのが，長いあいだ私の課題であった[163]。」としている。このように複雑に葛藤する差別を表現するに際して，「「多元現実」にならって「多元的差別 multiple discrimination」という言い方もできるだろう。また，「重層的差別」という言い方もできるかもしれない。だが「複合差別」は，先に述べたように，たんに複数の差別が蓄積的に重なった状態をさすのではない[164]。」とした上で，「複数の差別が，それを成り立たせる複数の文脈のなかでねじれたり，葛藤したり，ひとつの差別が他の差別を強化したり，補償したり，という複雑な関係にある。それを解き明かすために，ここでは「複合差別」という，いまだ熟さない概念を採用することにしよう[165]。」と再度言葉の定義を明確にしている。続けて複合差別という概念が必要とされる根拠について触れている。「それというのも，私たちは実践的に「すべての被差別者の連帯」が，それほど容易ではないという現実に直面しているからである。「政治的に正しい politically correct」立場からは，ひとつの差別が問題化されるとき，他の差別をも巻き込んで「すべての被差別者の連帯」が安易に口にされ

---

161 「有吉の『複合汚染』に見るように，環境汚染は単独の原因で発生するとは限らない。複数の原因が複雑にからみあってたがいに強化しあったり，特定の条件を備えた固体にだけ発症したりする。またそれに対して治療的な効果をもつと考えられるものが，症状を悪化させることもある。複数の要因群のもたらす効果は，物理的反応より，化学反応に似ている。」(上野 (2002) 238頁) と説明している。
162 前掲書，238頁
163 前掲書，238頁
164 前掲書，238-239頁。
165 前掲書，239頁。

る状況がある[166]。」と上野は提起し「裏返していえば，日常的・実践的に，「すべての被差別者の連帯」が少しも容易でもなく可能でもない現実を経験していながら，なおかつ「すべての被差別者の連帯」が可能であるかのごとき言説が流通していることこそ問題であろう[167]。」と答えている。上野は連帯しないばかりか一つの差別がまた別の差別を強化している様子を説明している。例えば，「近い過去では，マルクス主義について同じような状況があった。彼らは「労働者階級の解放」を「抑圧されたすべての人民の解放」と等置したために，「女性解放」は「労働者階級の解放」と同時に達成される，と考えた。そしてその変革主体である労働者のあいだには，女性抑圧の基盤である私有財産そのものがないために，女性差別が存在しないと考えた[168]。」として「事実，マルクス主義者のこのような態度は，運動内部の女性抑圧を強める結果となった[169]。」と結論づけている。「しかも「労働者階級の解放」という究極の目的に向けて，女性同志の献身と自己犠牲を求め，女性メンバーに家父長的な権力を行使した。戦前非合法化の日本共産党の「ハウスキーパー問題」は有名である[170]。」と指摘している。上野は差別と差別の絡み合いが差別を強化する状況について，代表的な理由を3点挙げている。「第一に，「さまざまな差別」のあいだに政治的な優先順位がつけられることである。「より深刻な差別」の前に「とるに足りない差別」が沈黙を強いられる。問題は，この優先順位が集団内の相対的強者の立場から判定されることである[171]。」としている。「第二に，社会的弱者が抵抗運動をおこなっ

---

166 前掲書, 239 頁。「ひとつの差別の経験者は，他の差別に対しても高い感受性 sensitivity が期待されるために，ひとつの文脈における被差別者が他の文脈において差別者である事実には，より強い憤激と失望がひきおこされる。」と"分かり合える被害者"を期待する源泉について説明している。

167 前掲書, 239-240 頁。

168 前掲書, 240 頁。

169 前掲書, 240 頁。他にも本文中に「被差別者の社会的集団のなかで性差別を問題化することには，しばしば困難がともなう。同じようなことは日本でも，被差別部落の解放運動内部での性差別を問題化するときや，在日韓国・朝鮮人の民族解放運動内部での性差別問題への無理解などにあらわれる。最近では，沖縄の米兵による強姦事件をきっかけに盛り上がった米軍基地反対闘争のなかでも，男性の活動家のなかから，「基地問題を女性問題に矮小化するな」という発言としてあらわれ，女性参加者の怒りを買った。」(243 頁) 例を挙げている。

170 前掲書, 240 頁。

ているときに，集団内の差別を言い立てることは，運動の力を分裂させ足並みを乱す「分派主義」「利敵行為」とみなされることである[172]。」と第2の理由を説明している。「第三に，最優先課題が設定された以上，運動内の担い手たちにその目標達成のための自己犠牲と献身が要求される[173]。」とした上でこれについては，「とくに支配的価値に対して対抗的な集団アイデンティティを形成しがちな少数者の集団では，こうした集団主義と手段主義とがはびこりやすい。そのなかでは，支配的集団以上に露骨であからさまな差別や搾取が横行することさえある[174]。」と挙げている。上野は「このような現実のなかで「すべての被差別者の連帯」を強調する理想主義は，かえってそこにある差別を隠蔽する効果がある[175]。」とした上で，「ここで必要なのは，むしろ「さまざまな差別」どうしのからみあいをときほぐし，そのあいだの不幸な関係を解消するための概念装置ではないだろうか[176]。」と議論の意義を明らかにしている。

次に上野は議論の構築のために現実のケースを観察するプロセスへと入っていく。例の1つとして挙げられたのは，女性→障害者と障害者→女性，という2つの差別の絡まりあいの異なる関係性である。まず女性→障害者という差別の係わり合いを見てみよう。「明治期に成立した刑法堕胎罪が戦後も引き継がれるなかで，優生保護法のなかの中絶規定のうち，「経済的理由」が拡大解釈されることで，戦後の日本女性は「中絶の自由」を実質的に行使してきたが，法的には今日にいたるまで，中絶の完全な合法化も女性の自己決定権にも，法的根拠は与えられていない[177]。」とされている。「六〇年代，合計特殊出生率（一人の女性が生涯に産む子どもの数）が四人台から二

---

[171] 前掲書，243頁。「沖縄の女性にとっては，強姦と言う女性の人権侵害は，「基地問題」や「安保再定義」にくらべて，けっして「とるに足らない差別」ではない。」(243頁) と強者が押さえつけ，無視されている弱者の意見が補足されている。
[172] 前掲書，243頁。
[173] 前掲書，243頁。
[174] 前掲書，243頁。
[175] 前掲書，244頁。
[176] 前掲書，244頁。
[177] 前掲書，244頁。

人台へと急激に減少するなかで，いわば「成功しすぎた出生率抑制」に対して，将来の労働力不足や国力低下を憂える財界や，「生長の家」に代表される宗教的保守派の議員から，「経済的理由」を削除するという優生保護法「改正」案が国会に提出されようとした[178]。」という変化が起こった。これに対して「ウーマン・リブのグループは「産む・産まないは女（わたし）が決める」という標語を掲げてこれに対抗し，女性の「中絶の権利」を守ろうとした[179]。」とした。「裏返して言えば，女性にとって身体に関する自己決定権と「再生産の自由 reproductive freedom」は，絶対に譲れない生命線だった[180]。」と問題の重要性を論じている。

　この戦いに際して，「だが，リブの主張に対して思わぬ伏兵が登場した。女性の「中絶の権利」に対する，障害者団体の批判である[181]。」と，対抗者として女性の前に立ちはだかった障害者の存在が挙げられている。「七〇年代は生殖技術の黎明期でもあった。羊水検査で胎児の性別や障害の有無が判別できるようになった。その背後にはもちろん，少子化の趨勢がある。「少なく産んで，確実に育てる」ことがカップルの要請となっていた。羊水検査を受けるか受けないか，検査で望まない性別の胎児や，障害のあることがわかった場合に，妊娠を継続するかどうかの選択が可能になった。それに対して「障害者は生まれる前に殺されるのか」という声が，障害者団体から挙がったのである[182]。」と対立の経緯が説明されている。さらに「日本の第一

178　前掲書，244頁。
179　前掲書，244頁。
180　前掲書，245頁。
181　前掲書，245頁。「七〇年代はじめには，「コインロッカー・ベイビー」のような子捨て・子殺しの事件が報道され，無力な生命に対する加害者としての女性が問題化されていた。」（245頁）という指摘も出されている。
182　前掲書，245頁。また上野は「障害児を産んだカップルが，しばしばその子どもの死を願う事実は指摘されている。障害を負った子どもをもった両親が，その障害ごと子どもを受け入れようとする過程にはいくつかの段階がある。第一の段階は混乱と事実の否認である。「おれの子にこんな子ができるはずがない」とか「うちの家系にはこんな子が生まれるはずがない」として事態への直面を避け，あまつさえ責任を転嫁して危機を回避しようとする。障害児を産んだことで離婚を強制される妻さえいる。第二の段階は自責と抑鬱である。「この子を殺していっそ自分も」という自殺企図や一家心中はこの時期に起きる。第三の段階は治療や強制への熱中や献身である。この段階でも「障害がない」ことがよいという支配的な価値を親はまだ内面化し

波フェミニズムのなかにも,「よい子を産んで国家に貢献する」という優生思想があったことは,八〇年代以降のフェミニズムのテクストの読み直しのなかで問題にされている。母性主義もまた,「よい子を産む資格のない女は子どもを産むべきでない」という「優勝劣敗」のエリート主義と容易に結びつく[183]。」とし,隠された差別を指摘している。

次に障害者 → 女性のケースに移ってみよう。上野は安積遊歩の『癒しのセクシー・トリップ』を取り上げることで,障害者 → 女性のケースに代えている。上野は安積の記録から,「女性障害者にとってジェンダーは混乱と困難に満ちたものである[184]。」として詳しく状況を述べている。「女性障害者として彼女は病院の検査技師や施設の職員などからセクシャル・ハラスメントを受ける。そこでは女性障害者は性的な存在として,かつ無力で抵抗力を奪われた障害者として,二重の抑圧を経験する[185]。」とし,女性障害者に対する性的な搾取を取り上げている。その反面「同時にもう一方では,女性障害者は性的存在であることを否認される。初潮を迎えると同時に,介護者にとって手間のかかる存在として,また優生思想から妊娠を避けるべき存在として,セクシュアリティを否定される。思春期の女性障害者には,本人の同意を得ずに子宮摘出手術が施されることさえある。性的な価値で図られる「女らしさ」から排除され,恋愛もセックスも縁が無いものとみなされる。ましてや結婚や出産は論外である[186]。」とし,性的な面を否定されていることを指摘している。そのため女性障害者という複雑な存在を上野は「すなわち一方では性的な存在であることを否認され,他方では性的な存在であるこ

ている。第四の段階に至って「回心」とも言うべき価値の転換が起きる。その後にようやく受容と共生の段階がくる。」(245-246 頁)という激しい葛藤を描いている。これを上野は「多くの親は「五体満足」や「一人前」という支配的な価値を,ふつうの「健常者」として内面化している。障害者を肯定的に受け入れるためには,この価値から「回心」を図らなければならない。」(246 頁)と説明しなおしている。つまり,障害者の母になるかならないか,という選択以外にも障害者の母になった後に障害者の母親である自分と,自分の中で内面化された価値観の葛藤が続いていることがこの部分に説明されている。

183 前掲書,247 頁。
184 前掲書,248 頁。
185 前掲書,248 頁。
186 前掲書,248 頁。

とを搾取されるのである[187]。」とまとめている。

　上野は「性的存在であることを否定された女性障害者にとって，性的主体性の獲得が自己実現の課題となる[188]。」とし，環境が女性障害者たちの生き方に与える影響を示唆している。「だが，女性にとって性的主体性の獲得のためのシナリオがあまりに限定されているために，「女性としてのしあわせ」は，障害をもつ女性の場合，まっすぐに「結婚」にいってしまいがち」だと，「結婚」にこだわった自分自身の過去をふりかえって安積は言う[189]。」と一定方向に目標設定が向けられがちなことを指摘した。「「女性としてふつうのしあわせをえたい」という至極まっとうなのぞみは，「女性のしあわせ」が家父長的に定義されているところでは，「女性としてふつうの抑圧を受けたい」ということと同義になる。女性としての性的主体化ののぞみは，皮肉にも女性としての抑圧をみずからすすんで主体的に選択する結果につながりかねない[190]。」としている[191]。これら一連のプロセスを介して「このことが示唆するのは，障害者差別と性差別とは異なった原理で組み立てられており，一方の解放が自動的に他方の解放につながるわけではない，ということである。べつな角度から言えば，障害者の解放もまた，男性障害者の言葉で定義されており，女性障害者については語ってこなかった，ということでもある[192]。」と結んでいる。

　前述のように女性 → 障害者，障害者 → 女性とそれぞれのケースの説明をまとめた。2つのケースは紛れもなく，女性と障害者という組み合わせが生み出す葛藤であり，1つの差別によってもう1つの差別が強化されている現

187　前掲書，248 頁。
188　前掲書，248 頁。
189　前掲書，248 頁。
190　前掲書，249 頁。
191　現実社会の安積は「かくして実際に結婚した安積は，家事をめぐる夫とのあいだの性別役割分担や，「家」や「嫁」の重圧とまともに向き合うことになり，結果としてこの結婚を離脱する。もちろんセクシャリティを否認されることの抑圧と，セクシュアリティを「妻として」搾取されることの抑圧の，どちらがましか，などと問うても意味はない。」(249 頁) と説明されるように，障害者としての抑圧からの解放を求めて結婚し，別の抑圧の中へと組み込まれている。
192　前掲書，249 頁。

状を示している。しかし，1つは女性の中に存在する優生主義思想に基づく差別を暴きだし，もう1つは障害者の中に存在する女性差別を暴きだしている，という点で全く異なる様相を見せており興味深い。また同時に冒頭で上野が指摘したように，「複数の差別が，それを成り立たせる複数の文脈のなかでねじれたり，葛藤したり，ひとつの差別が他の差別を強化したり，補償したり，という複雑な関係にある[193]。」という関係を再現していると言える。

　ケーススタディを示した結果，上野は理論の展開に取り組んでいる。その第1の段階として上野は差別を分類している。分類結果は以下の通りである[194]。

(1) 単相差別
(2) 重層差別
(3) 複合差別

　上野は「(1) 単層差別は差別の次元が単一であるものをさすが，現実にはこのケースは少ない。人種やジェンダーなどの差別は，しばしば経済階級と結びついている[195]。」と説明している。それぞれ(2)と(3)に関しては，「(2) 重層差別は多元差別と呼びかえてもいい。複数の次元の差別が重層化し，蓄積している状態である。(3) 複合差別は，多元差別のうち，差別相互の関係にねじれや逆転があるものをさす[196]。」と説明されている。続いて上野は複数の差別のあいだの関係を扱うためにこれらも類型を提示した。以下の通り分類を本文から引用した[197]。

(1) 優位集団 majority と社会的弱者集団 minority との関係（いわゆる差別）
(2) 社会的弱者集団間の関係（相互差別）
(3) 社会的弱者集団内の関係（重層差別・複合差別）
(4) 社会的弱者集団に属する個人のアイデンティティ複合内部の関係（葛

193　前掲書，239 頁。
194　前掲書，254 頁。
195　前掲書，254 頁。
196　前掲書，254 頁。
197　前掲書，255 頁。

藤）

「(1)から(3)まではもはや説明を要さないであろう[198]。」と詳細が省かれているが，(4)について上野は詳しい議論を展開させている。(4)の類型の前提として，上野は「そのための第一の前提は，個人のアイデンティティが少しも統合的なものではなく，一貫してもいない，という「アイデンティティ」概念の変革である[199]。」と提案している。補足でアイデンティティが一貫していないという考えは，社会学上の役割の概念に非常に近いものとして説明されている[200]。また「第二の前提は，個人が生きる多元的現実が，非対称的な権力関係で成り立っているという事実である[201]。」という前提も挙げている。そのため第二の前提に則って，「ここで暫定的に与えられている「葛藤」という概念は，これまで「役割葛藤 role conflict」と呼ばれてきたものと似ている。だが，役割葛藤という概念は，役割の遂行にともなう権力関係を不問にした。（中略）複合差別のなかで，当事者が経験している「葛藤」は「役割葛藤」のようなナイーヴなものではない。自己評価をめぐる優位と劣位とがせめぎあい，逆転しあう，自己を場とした権力ゲームなのである[202]。」という結論に至っている。

その後上野は先行研究がどのようにこの葛藤を描いているかについて，階級・差別・民族・障害の4つの変数の相互関係12通りの概要を挙げてい

---

198 前掲書，255頁。
199 前掲書，255頁。「多元的な現実を生きる個人は，多元的なアイデンティティ複合を文脈に応じて生きており，そのアイデンティティ複合内部の関係はかならずしも「同一性」では記述できない。これは長らく「自己同一性」と訳されてきた「アイデンティティ」概念にとっては，一種の論理矛盾だが，ゴフマン以降の「自己呈示 presentation of self」理論からは目新しい概念ではない。ジェンダー理論の側からもジュディス・バトラーは「パフォーマティビティ（行為遂行性）としてのジェンダー」という概念を提案している。バトラーの観点からは，「アイデンティティ」とはたんに継起的なパフォーマンスの「効果」として事後的にもたらされるものにすぎず，その「一貫性」を予期することでジェンダーという制度が再生産されているのである。」(255頁)
200 前掲書，255頁。「ここまでくれば，私たちはこの概念が社会学でいう「役割」の概念にすこぶる近いことに気づく。」
201 前掲書，256頁。「べつな言葉で言い換えれば，行為者がそのつど場面場面で従うパフォーマンス規則には，あらかじめ権力関係が埋め込まれており，「対等な」役割関係は夢想にすぎない，という現実である。」
202 前掲書，256頁。

第 2 節　差別の各論と発展　41

図 2　上野の複合差別論

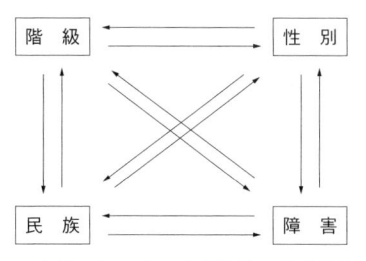

```
階　級 ⇄ 性　別
   ⤢ ⤡
民　族 ⇄ 障　害
```

出所：上野（2007）『差異の政治学』
257 頁より出典。

る。なお 4 つの変数の 2 つずつの組み合わせは 6 通りであるが，女性→障害，障害→女性のケースが異なったように相互の関係が異なるため 6×2 で 12 通りとされている（図 2 参照）。

　上野は「ここで変数を四つに限定したのは私の非力のせいであって，他の変数が重要でないことを意味しない。他に重要な変数としては，年齢やセクシュアリティを挙げることもできる[203]。」としている。上野は，「これらのカテゴリーはどれも歴史的なものであり，したがってその重要度もまた歴史的文脈に応じて変化する。（中略）必要なのはむしろ，DNA や解剖学に還元されがちな決定論的思考や本質主義に対して，諸カテゴリーを徹底的に「歴史化 historicize」することであろう[204]。」と特に指摘している。これに関して言えば，「歴史的な差別は，複数の次元の変数と結びついているために，一元的な変数にカテゴリー化することがむずかしい[205]。」や部落差別が時代によって変化してきた歴史[206]を指し「だとすれば，特定の差別を超歴史化することで，逆説的に運命視してしまうより，当該の差別が置かれた歴史・社会的コンテクストのなかでのマクロ，ミクロ・ポリティックスを考えてい

203　前掲書，262 頁。
204　前掲書，262 頁。
205　前掲書，262 頁。
206　前掲書，262-263 頁。「被差別部落の場合も，江戸時代には職業階層に結びついていたのに，むしろ明治以降血統主義的な色彩がつよくなったと言える。さらに中世にさかのぼれば，網野善彦は『日本中世の非農業民と天皇』[1984] のなかで非農業民の職能団体が「縁起書」を捏造することで，みずから血統主義のイデオロギーを利用したことを論じている。」

くべきだろう[207]。」と説明している。他にも変数の設定の問題として，分類の難しい売春婦差別[208]や目に見えない変数として，"なりすまし"が可能な在日韓国人や在日朝鮮人に対する差別も取り上げられた。

上野は「これだけのシミュレーションをしてみるだけでも複合差別間の関係が一筋縄ではいかないことはよくわかる。さらにこの四つの変数のなかから三つ以上を取り出す組み合わせを考えるとなると，問題はもっと複雑になる[209]。」とした上で，「(中略)「すべての被差別者を一挙に解放する」アレクサンダーの剣のような一般理論，または普遍主義への禁欲，または拒否がある。さらに言えばそれが適用可能な「抽象的で対等な個人」という普遍的観念も放棄することである。ここにあるのはさまざまな多元的現実を生きる個人が経験するさまざまな差別という「生きられた経験」であって，それは当事者の言語によって定義され，構成されるほかない[210]。」と結論づけている。つまり上野は一般的な定義の構築というものを否定した。そのため複合差別論は後続的な個々のケース蓄積の要請という形で終わっている。しかし，複数の要因が複雑に存在する環境を想定し，同じ2つの差別の絡み合いが別の現象を引き起こすことを指摘した点で功績があるといえる。

4　統括的な差別論

本来差別という言葉の中にはたくさんの種類の差別が包括されている。人種差別，女性差別，部落差別，年齢差別…挙げていけば枚挙に暇がない。しかしこれら全てが"差別"という社会現象であることを考えれば，"差別"全体に共有される概念が存在してしかるべきである[211]。だが差別と呼ばれる現象は膨大で，そのままでは掴みどころがない。そのため既存の研究は差別の種類を限定し，各論として展開していくことを余儀なくされてきた。

207　前掲書，263頁。
208　前掲書，263頁。「分類の困難は，売春婦差別のような場合にも起きる。これは職業に結びついた階級差別の下位カテゴリーなのか，それとも「娼婦ラベル」のスティグマ性として，セクシュアリティやジェンダーにより結びついているのだろうか。」(263頁)と説明している。
209　前掲書，261頁。
210　上野(2002) 266-267頁。
211　佐藤(2005) 10頁。

第 2 節　差別の各論と発展　43

差別の各論は，固有の差別を説明する概念を作り出した。例えば女性差別においては家父長制，部落差別においては穢れという概念がそれらに当たるだろう。しかし各論が作り出した概念装置はそれぞれ各論の差別を説明するのみに留まり，他の差別には適応できないという問題が発生する。家父長制を部落差別に適応することはできない。穢れという概念を女性差別に適応することにも限界がある。各論の発展と同時に差別全体に共有される概念が消滅してしまう，という矛盾はすでに幾つかの先行研究によって指摘されている。例えば前述で取り上げた石田も専門分化が激しくなり，個々に囚われ全構造を失う問題について言及している[212]。差別研究が引き起こしてきた差別の全体像喪失に対抗する研究分野として，近年新たに論じられるようになったのが統括的な差別論である。その代表的な研究として坂本の告発による差別論，佐藤の三者関係論等[213]が挙げられる。そこで本書では特に坂本の告

---

[212] 石田（1994），38 頁。
[213] 佐藤（2005）の差別論は「差別論」という言葉について説明することから議論を始めている。佐藤は，「本書のタイトルである「差別論」という言葉は，個別の差別問題について論じるのではなくさまざまな差別問題の共通点を扱うのだということ，そして，「差別する側」に着目して考えていこうとしているのだということ，とりあえずはこの二つを頭に入れてもらえればいいと思います。」(10 頁) と説明している。佐藤は自らの議論の展開をするにあたって差別の種類を差異モデルと関係モデルの 2 種類に分けている。「まずひとつは，社会的カテゴリーによって異なる扱いをしていることが差別であるといった捉え方です。」(22 頁)「この場合，社会的カテゴリーは行為の「差異」と結びつくことによって差別の定義を構成しています。」(22 頁) と説明されるものが差異モデルである。佐藤において「この差異モデルは，差別についての常識的な考え方をかなりうまく表現しているといえるでしょう。（中略）正当化されない，不当な「区別」が「差別」なのだというように。実際に差別の定義の大部分はこの差異モデルに基づいたものだと考えられます。」(22-23 頁) と評価されている。なおこれらの説明で使用されている社会的カテゴリーについて佐藤では「社会的カテゴリーというのは，なんらかの共通性を持った人々をひとくくりにする言葉で，これなら「女性」はもちろん社会的カテゴリーだし，身体的特徴についての侮蔑的な表現，たとえば「かたわ」とか「ハゲ」とかも含めて考えることができます。」(22 頁) とされている。一方，関係モデルは佐藤で「すなわち，この場合の「社会的カテゴリー」は差別する／されるという関係と関連づけられているということができます。また後者は「差別的関係」の定義であり，より明確に社会的カテゴリー感の関係について言及しています。」(23 頁) や「差別をマジョリティ集団／マイノリティ集団といった二つの集団の間の対立や権力関係としてイメージする場合には，このような見方が採用されているわけです。」(23-24 頁) と説明されている。さらに「たとえば女性に対する差別であれば，「女性と男性を差別している」のか（差異モデル），「男性が女性を差別している」のか（関係モデル）という違いですし，部落差別であれば，「部落と部落外を差別している」のか，「部落外が部落を差別している」のかという違いです。」(24 頁) と補足されている。以上のように差別を

発による差別論がどのように差別を定義しているのか，ということについて見ていきたい。

5 告発による差別定義 —坂本・争われる差別—

坂本（2005）の議論は「「差別がいま，ここに存在する」ということを人はどのようにして明らかにすることができるだろうか[214]。」という問いかけからはじめている。坂本は「経済的な援助などで見えやすい差別に対処しつつ不可視の諸差別は助長されている場合も少なくない[215]。」とし，論点を見つける足がかりとしている。坂本は先行研究に対して「差別という問題が取り上げられる場合，多くは差別が客観的事実として指摘できるという了解の

分類した上で，佐藤は差別行為のイメージ，不当性の要件，不当性の根拠のそれぞれを論じた結果次の表（34頁）のようにまとめられた。

	差別行為のイメージ	不当性の要件	不当性の根拠
差異モデル	異なる扱い	不平等（差異の不当性）	権利
関係モデル	排除	非対称性（関係の不当性）	（なし）

佐藤は差異モデルを棄却し，関係モデルを差別論のモデルとして採用する根拠を，「差異モデルによる定義では，基本的に「差別＝人権侵害行為」です。」（31頁）としている。佐藤は「すなわち，「人権侵害行為」といった場合は，不当であるという（悪い）ことが人権侵害に依存していることが明確ですが，「差別」だという場合は，「人権侵害」であるということ以外に，「差別」それ自体がなんらかの意味で不当である（悪い）というニュアンスがどうしてもできてしまうのだと思います。それではこのような混乱を防ぐためにどうすればいいのでしょうか。最も単純な方法はセクシャル・ハラスメントの法理のように，差別を純粋に人権理論から構築することです。」（32頁）とし，「「人権論」と「差別論」という二本立てアプローチの最大のメリットは，二つの「問題化の方法」の混在，二つの「不当性」の混同による議論の混乱を避けることが出来ると言う点にあります。」（39頁）と結論づけている。後に関係モデルを発展させ佐藤は3者関係論を完成させている。しかし，議論の前提である差異モデルと関係モデルという差別の分類の妥当性，また差異モデルを棄却するという部分に問題が多く，受け入れ難い。たとえば，完璧に差異モデルが"人権論"と言い切ってしまえるほど現実の差別問題が簡潔なのだろうか，等など疑問がある。そのため，本論の先行研究として名前は挙げるが内容の詳細については取り上げないことにした。

214 坂本（2005）3頁。
215 前掲書，3頁。同様に疑問として「これらの差別が単なる個人にしか還元できない人間関係上の問題ではなく，同じように社会問題としての差別であるということを言明することがどのようにして理論的に可能であろうか。被差別者の連帯が運動上叫ばれるが，あらゆる差別が共通にもっている性格があるとすれば，それは何なのか。そもそも差別とは，差別が存在するとはどういう事態なのであろうか。」（3頁）も提起された。

もとに出発しており，差別という事態そのものをどのように批判するか，つまりどのような対象を差別として記述するのか，という点が主題的に論じられることは少ない[216]。」と指摘している。先行研究の出発点に対して坂本は「差別を定義するという学的努力の放棄は差別理論の構成においては以下のような理由で差別という現象の本質的性格を見落とす危険をはらんでいる[217]。」とし，理由を3点挙げた[218]。その3点とは具体的に，ある事柄が差別であるということは，実際それほど明確ではないことが第1点，第2に差別の正確な規定ができないため，理論的に適当な差別の記述枠組みを採用することができないことが挙げられていた[219]。最後に差別の定義なしに差別の不在を知ることができず，最終目的の差別が解消された状況の判別がつかないという問題を坂本は指摘していた[220]。

　そして，従来の議論が差別の性質に関する考察を欠いている点も指摘している。坂本は，「従来の差別論は，差別の包括的分析という点では必要かつ十分な分析をおこなっていたということはできない。それはむしろ，他の事象を分析する枠組みを借りて差別のある側面を分析した，という評価が適する[221]。」と評している。またその例として人種問題[222]の理論を取り上げ，「人種問題の理論は，心理学的な偏見説と社会の全体的構成に原因を求める社会構造説の二つに大別できる[223]。」とした。「社会構造説は，モデルの基本的な姿勢として，社会を秩序維持の観点からとらえていると批判されたパーソンズ的な統合モデルに対して，集団間の葛藤を重視する葛藤モデルとして展開されていった[224]。」と坂本は説明している。続けて「この分析には，最終的に階級分析と結合させるマルクス主義的分析，人種集団間関係の移行パタン

216　前掲書，4頁。
217　前掲書，4頁。
218　前掲書，4頁。
219　前掲書，4頁。
220　前掲書，4-5頁。
221　前掲書，5頁。
222　人種問題を取り上げた根拠として，「最も伝統があり，多様な理論的蓄積をもつ人種問題に関する研究を例に検討しよう。」としている。(5頁)
223　前掲書，5頁。
224　前掲書，5-6頁。

分析，資源をめぐる集団間葛藤分析（これには人種問題に特有な歴史的説明を加えた内的植民地主義も含む）がある[225]。」と社会構造説のおおまかな分類がなされている。

より立ち入った説明で「マルクス主義的図式を使うと，人種的偏見は資本家の利潤追求のための搾取の手段や結果であり，差別はその実現行為となる。しかし，これは人種的偏見や差別的行為を充分に説明してはいない。経済的搾取階級が必ずしも偏見や差別の対象となるとは限らないし，資本主義の発展が必ず人種差別を招くともいえない[226]。」とマルクス主義的な図式での差別解釈[227]の限界を指摘した。また社会構造説のもう一つの説明形式として，パークに始まる人種集団関係の客観的分析を挙げている。坂本はパークの理論を「彼らは人種集団関係の類型を呈示し，類型間の移行を時間的推移，人口動態，生産力等によって説明する。パークは二集団の発展パタンとして接触 → 競争 → 葛藤 → 応化 → 同化の図式を唱えたが，その後多くの事例による反論を受けた[228]。」と説明している。他にも人種関係をいくつかの理念型としてとらえる代表としてヴァン・デン・ベルグが挙げられ，「人種関係の理念型には家父長的（paternalistic）と競争的（competitive）の二つがある[229]。」と詳しい説明を示している[230]。坂本は「（中略）類型論的アプ

225　前掲書，6頁。
226　前掲書，6-7頁。
227　具体例として「社会構造説のうち，コックスに始まるマルクス主義分析は，差別を階級的特殊利害維持のための搾取，ないし搾取の正当化の手段とする。人種主義は，資本主義が発達し海外へ市場を求めて植民地を創り原住民を搾取した時に生み出されたイデオロギーである。」（6頁）や「より新しい階級論としては分離した労働市場論がある。分離した市場論は，雇用者，高賃金労働者，低賃金労働者の三つの階級を分ける。雇用者は利潤追求のため，より低賃金の労働者を求める。高賃金労働者は，新規に低賃金労働者が市場に参入してくるとその利益を侵されるため，何らかの防衛手段をとるようになる。まず，低賃金労働者の排除の運動があり，排除が困難な場合には，専門・技術職の独占，技術の独占，政治力の独占により成層化が起こる。高賃金労働者，低賃金労働者の二つの階級は，実際には白人，黒人と言う人種区分に重なっている。ゆえに，人種差別は高賃金労働者としての白人労働者による利益の保護手段としての成層化の現れである。」（6頁）が詳しく説明された。
228　前掲書，7頁。
229　前掲書，7頁。
230　前掲書，7頁。「前者は，主人－召使関係のモデル化で，人種間の社会的距離が遠く，その優劣が双方の集団に承認されているため，優位集団との間に一定の愛着と親密さがみられる。し

ローチも差別の解明と言う観点から考えるならば疑問である[231]。」とした上で，その根拠を「このアプローチが類型を形成する原因の追究が不十分であるという点はおいても，差別があらかじめの集団性を前提として生じているとはいえないからである[232]。」と説明している。他の分類として「社会構造説の第三の説明形式である人種関係を経済的・政治的資源をめぐる葛藤とする図式も古くから存在し，近年ではブラロックの統計的分析のモデルやデプレによる文化人類学者の諸研究の集成等にもみられる[233]。」としている。さらにその中でも「このうち内的植民地論は，経済的・政治的資源葛藤の源泉を植民地時代に求めるものである。西欧人が植民地時代に非西欧人の土地や労働力を搾取して得た利益を恒常的なものとして安定化し，独占しようとする営みが差別の構造化を生む[234]。」と内的植民地論を説明している。だが，これらの理論に対する疑問として「資源をめぐる葛藤としての分析は，第一に他人種によって構成される社会が必ずしも人種差別をもたらさないこと（たとえばブラジルなど），第二に人種差別の対象が政治・経済的被抑圧集団とは限らないこと（たとえばユダヤ人）を説明しない[235]。」という２点を挙げて反論している。

　坂本がもう一つのカテゴリーとしてあげた，偏見説は「（中略）人種（民族），女性といった個別の差別問題における利害追求の手段や葛藤としてではなく，差別を一般的に論ずる構成をとる。差別は心理的態度である偏見の表現行動とされる[236]。」と説明されている。偏見説の代表例として坂本は

かし，産業化が進行すると，階級的要因が介在するようになり，競争的（competitive）な関係へと移行する。ここでは，優位集団は，二次的手段として生態学的な分離（居住空間・施設の分離）によって人種的分割を維持しようとする。」（7頁）と説明されている。
231　前掲書，7頁。
232　前掲書，7-8頁。具体例として「たとえば，アメリカの黒人はアフリカのさまざまな部族から連れて来られ，同じアメリカ社会での奴隷という地位を与えられたことで集団性をもつに至ったのである。アメリカの黒人の共有の体験とは，アメリカ社会内の低階層としてのそれなのである。」（8頁）と挙げている。
233　前掲書，8頁。
234　前掲書，8頁。
235　前掲書，8頁。
236　前掲書，8-9頁。「差別の定義は一般にこの偏見説を尊重して差別を偏見と区別し，行為として規定する。」（9頁）とされている。

オルポートを挙げている。「オルポートは偏見を，「不当な範疇化[237]」（over categorization）を主要な契機とする「敵意」とする。」としている。なお，「集団の類型化の場合，その不当性はたとえば事実的な統計上の資料によって検証される[238]。」と説明している。偏見自体の原因に対しても主要な研究の分類が為されている。坂本は「偏見の原因に関しては，スケープゴートとしての機能に求める説と個人の偏見的パーソナリティ特性に求める説がある[239]。」としている。第1の分類で挙げられたスケープゴートはさらにフラストレーションが攻撃を生み出すものと，個人的な罪悪感が発生源となるもの，の2つのカテゴリーが設けられている[240]。坂本は「偏見的パーソナリティについての著名な研究としてはアドルノ，フランケル－ブランズウィック，レヴィンスン，サンフォードのFスケールによるファシスト的人格類型の提示がある[241]。」と代表的研究を挙げている。これらの研究業績に対して，「彼らは，性的態度，因習主義，反内省性，迷信等にわたる質問群によって構成された尺度を，潜在的にファシスト的個人を弁別しうるものとして提示した[242]。」と説明した。このように先行研究を分類し，とらえた結果差別の心理学的説明の問題点として3点を指摘している。「まず第一に，偏見を規定する他集団への敵意は，集団間のライバル意識などがあるように，差別とは限らないことである[243]。」が第1の理由とされている。「第二に，な

237　さらに「「不当な範疇化」とは，対象の本質的属性から外れた類型化を指す。」（9頁）と説明されている。
238　前掲書，9頁。
239　前掲書，9頁。
240　前掲書，9頁。「スケープゴートによる説明は二種類存在し，一つはフラストレーション→攻撃→置き換えとつながる説で，(1)フラストレーションが攻撃を生み出す，(2)攻撃は比較的無防備な「弱者」へ置き換えられる，(3)この置き換えられた敵意は非難，投射，ステレオタイプ化などによってこじつけられ，正当化される，という論理となる。これは，(1)，(2)のフラストレーションによる攻撃，置き換えが必ずしも生起しない事実によって批判されている。もう一つは，個人的過ち→罪悪感→置き換えとつなげるもので，個人の罪悪感，あるいは罪悪感逃れのため弱者へ投射をおこなうとする説明である。これは，他人を責める外罰性という個人のパーソナリティに依存しているので，最終的には偏見的パーソナリティによる説明に還元できる。」(9頁) と説明されている。
241　前掲書，9頁。
242　前掲書，9-10頁。
243　前掲書，10頁。

ぜ，偏見が特定の性質をもつ個人のみではなく，一般に存在し，それに追随するよう行動したほうがよいと人々が考えるのかということの説明が出来ない[244]。」という点を2点目として挙げている。最後に「第三に，差別を一定範囲の行為に限定することは，一般的な差別の観念とずれている[245]。」という点が指摘されている。補足で「より重要なことは，偏見を差別的行為の原因とすることによって，偏見の存在を知ることが与える効果が顧慮されないことである。(中略) 実際に個人個人がその偏見を信じているということ以上の，そうした偏見が一般に存在していると信じられているような状態がもつ社会的な効果を考慮する必要がある[246]。」と説明している。

前述までで坂本が先行研究を理解すると共にその不備を指摘していることについて説明した。これらの不備を踏まえた上で，坂本自らの理論を展開する手がかりとしてマートンとミュルダールの再検討からはじめている。まずはマートンの内集団－外集団をどのように解釈するか，という点に議論の焦点を絞っている。「偏見を構成する敵意は集団の問題として，内集団－外集団論という一つの定説となっている。人々は同じ事実でも所属集団内成員に対する場合と外成員に対する場合では，まったく別様に解釈する[247]。」とされている。「マートンは，個人が集団を認知する際の集団のありようを，集団が個人に対してもつ機能的・情緒的な関係性という点から，三つ区別して取り出している[248]。」としている。なお，その3点として準拠集団[249]，成員

---

244 前掲書，10頁。坂本は「差別と偏見は，直接的な因果関係にあるわけではない。偏見をもつ人間が必ずしも差別的行為をとるとは限らないし，差別的行為をとる人間がすべて偏見の持主であるわけではない。偏見によって差別を説明しようとする場合，当然偏見をもたない人間がなぜ差別的行為をとるのかを説明せばならなくなる。このような点については以前から注目されてきたが，この問題はそれ以上のことを意味する。偏見をもたない人々による差別行為は，他の説明を要求する単なる残余カテゴリーではない。偏見的特性をもたない人間が，偏見を支持する必要性を感じ，むしろ積極的行為へと駆り立てられてしまうという，差別がかなり一般的にもつ特殊な社会性に目を向けねばならない。」と説明している。

245 前掲書，10頁。
246 前掲書，10-11頁。
247 前掲書，11頁。より具体的な例として「リンカーンが夜遅くまで働いたことは，彼が勤勉で，不屈の意思をもち，一生懸命自己の能力を発揮しようとした事実を証明するが，ユダヤ人や日本人が同じ時刻まで働くと，それは彼らのがむしゃら根性を物語るものであり，アメリカ的水準を容赦なく切りくずし，不公正なやり方で競争している証左である。」と示している。

資格[250]，相互作用的集団[251]を挙げた。「マートンによれば，集団は，規定の型式に従って相互作用をおこなう一群の人々によって構成され，相互作用をおこなう人間は集団成員としての自己規定をもち，他の人々による集団成員としての同定を充足する成員によって形成される[252]。」や「集合体は，相互作用の基準を充足しない，一定の社会規範を共有している人々を指し，社会的諸カテゴリーは，集団，集合体と異なり，類似な社会的特徴を有する社会的地位の集合である[253]。」と複数の人々の集まりに対する概念を表明している。このような前提に立つと「内集団－外集団論は民族問題を対象とするとき，一定の社会規範をもち持続的な相互作用の形式をもつ集団の問題であるかのように思われる[254]。」という考察を坂本は明らかにしている。だが一方で「しかし，差別にかかわる民族集団がおもに移民であることを考えると，集団として規定するのは無理がある[255]。」とし，理由として「移民してきたマイノリティを除くすべてのマジョリティ成員が参加している一定の形式の相互作用を想定することはできない[256・257]。」としている。その上で状況の理解を「差別は集団論としてではなく，準拠集団と同じく広く集団，集合体，社会的諸カテゴリー（地位）にかかわるものと考えるべきである[258]。」と提

---

248 前掲書，12頁。
249 前掲書「一つは準拠集団であり，自己評価と態度形成のための準拠枠となるものとを指す。これは正確には集団であるとは限らない。」(12頁)「所属集団は，文字通り集団への帰属に関する概念であるが，準拠集団は，集団，集合体（collectivity），社会的諸カテゴリーに関わる概念である。」(12頁)
250 前掲書「もう一つは，成員資格という観点からの個人の集団帰属の決定である所属集団―被所属集団である。」(12頁)
251 前掲書「集団には他に相互作用的集団と呼ばれるものがある。相互集団とは，たんに行為をなす場合の前提条件として考慮されるような集団である。」(12頁)
252 前掲書，12頁。
253 前掲書，12-13頁。
254 前掲書，13頁。
255 前掲書，13頁。
256 前掲書，13頁。
257 更なる具体的な説明として「たとえば，在日朝鮮人を外集団とする日本人という内集団は，日本名をもち同じ学校に通う級友と異なる相互作用の形式と範囲を持っているということができるだろうか。これは，性や他の諸差別まで拡大するといっそう明白となる。」(13頁)
258 前掲書，13頁。

案した。またこの提案の根拠としては「差別を集団間の関係性の問題とおけないより積極的な理由は，被差別者であるということは，差別者と同じ社会の成員であることを前提としなければ起こりえないということである[259]。」としている。

坂本の議論はマートンに続いて，ミュルダールに移る。「このような視座からの研究はあまりなされていないが，ミュルダールに始まるアメリカのジレンマ論は，通常，白人の心理的葛藤，罪悪感の研究としてアメリカ文化の特徴を表したものといわれる[260]。」と坂本はミュルダールを評している。より詳しくジレンマ論について言及している部分では，「アメリカ人は，一般的，普遍的なキリスト教的＝民主主義的価値と，個別の状況・事例において採用する価値という二つの価値の間でジレンマを感じている。差別において，前者は平等主義を標榜し，後者は黒人の排除を指示するため，人々はジレンマに陥り罪の意識を感じる。そこで，人々はこのようなジレンマの解消のため合理化の通念[261]（beliefes）を採用する[262]。」としている。ジレンマ論について，「致命的な欠陥は，このジレンマが必ずしもミュルダールが予測したように偏見的な黒人像による説明を導かないという点である。またミュルダールの議論は，差別論としては，既存の差別意識を前提とし，その合理化として二次的な差別を説明しようとしたもので，理論構成自体不充分なものである[263]。」と欠陥を指摘している。だが一方で，有益な示唆として差別の前提として規範のズレが存在していること，第2に人々の一定の関係性に

---

259 前掲書，13頁。「被差別者は差別者と同様，当該社会の政治，経済，文化に巻き込まれており，その成員としてのみ存在している。被差別者であるということは，当該社会の一員であるにもかかわらず，一成員として存在していないということにある。選挙権がないということは，選挙権をもちうる同一社会の成員としての認識の共有がなければ，差別とはなりえないのである。」（13頁）と詳しく説明されている。

260 前掲書，14頁。

261 この部分を補足する説明として「たとえば，「黒人は生まれつき白人より知的に劣っている」から，もし黒人の子供が白人と同じ学校へ通学すると「白人の子供との競争で挫折するだろうか」とか「白人の子供の知的水準が黒人に合わせて下げられてしまう」などの考えである。」（15頁）が挙げられる。

262 前掲書，15頁。

263 前掲書，15頁。

よってのみ差別の同定が可能である点，第3に差別が規範であり価値として従うべきルールとして存在しているという3点を挙げている[264]。このようにマートンとミュルダールを考察した結果，坂本は差別の性格として，「(1) 差別は，当該社会成員が従うべきものとして存在する規範の問題である。(2) 差別は，二つの社会間の関係として存在するのではなく，一つの社会内の特殊なカテゴリー化に内在する問題である[265]。」と結論づけている。

前述のように差別の性格をとらえた後，坂本は差別定義の検討へと移っている。そこで既存の定義を「差異による定義」，「不利益による定義」，「平等による定義」と3つに分けて推敲している[266]。「差異による定義」はカテゴリーによって異なる扱いをすることで差別を定義しようとしている類のものである。これらの定義に対して，「たとえば，会社で与えられた仕事内容が異なる場合，理系出身者など正当な理由によるものとみなされる場合は差別とならないが，性格や上司の私的感情など，正当と思われない理由によるものは差別とみなされる。」[267]とし，棄却している。次に「不利益による定義」としては，本人の責任とは関係ない部分で不利益を被ることに依拠して差別を定義しているケースを示した。これらに対して坂本は「(中略) たんに不利益をもたらす行為だけでは賭けをして負けても差別となってしまい，意味がない[268]。」とした上で本人に責任がある部分の差別は許容されるべきなのか，という問題も同時に指摘した[269]。最後に「平等による定義」は，平等で

---

[264] 前掲書，15-16頁。「第一に，平等主義と特定の人々（ここでは黒人）に対する個別的状況における規範がずれており，そのずれとそれに対する対応が理論的に論ずるべき主要な問題として存在しているという指摘である。第二に，被差別者は差別されていない人々との一定の関係性によってのみ同定が可能であるという視点である。第三に，差別的行為や態度は従うべき価値であり規範であるということである。私たちは，個人的なフラストレーションに応じて黒人を差別するのではなく，一定の状況においてどのように黒人を差別すべきかということを知識として共有しており，仲間集団，地域コミュニティあるいはより大きい集団レベルで特定状況下における特定の人々との相互行為のあり方，言葉での誹謗の仕方，相互行為の解釈の仕方が決まっているのである。」

[265] 前掲書，16頁。

[266] 前掲書，16-17頁。

[267] 前掲書，17頁。

[268] 前掲書，17-18頁。

[269] 前掲書，18頁。「そこで，本人の責任とは無関係な自然的社会区分に属する個人に対する不

第2節　差別の各論と発展　53

はない状況から差別の存在を論じているが,「(中略) 一般に平等／不平等が客観的に規定できないことから批判されている[270]。」という点を受け棄却した。坂本はこれらの議論の中から「差別の諸事例の多くは,それが差別であるのかどうかという認識上の相違の上に起こっている[271]。」という特徴を挙げた上で,「差別はあらかじめ存在するのではなく,判断され,指摘されると言う告発作業に内在するものである[272]。」と結論づけている。

　坂本の差別定義は「差別とは,成員のカテゴリー間の同一性にかかわる正当性の基準に基づいて告発された事象である[273]。」や「差別は同一社会内で一致すると想定されている異質な規範間のずれが,成員により告発されあらわになった,社会現象である[274]。」と設定された。なお坂本の定義の中で特徴的な点は,告発という部分であるが,それについて坂本は利点として2点を挙げている。その2点は「第一に,差別はある事象が差別であるかどうか自体がつねに争われるという,基本的性格をとらえることができるということであり,第二に,差別を単一の実体的事象とみる必要がないということである[275]。」と説明されている。坂本と三者関係論の佐藤の間には論争があり,坂本は佐藤の批判に応えている。その反論の中で最も坂本が強調している点は「しかし,最も大きな誤解は,この論文は,差別の定義を論じたものであって,差別の原因を論じたり,差別が生み出される構造を明らかにするものではないということが,理解されていないことである[276]。」と自らの立場を再度明示している。また自らの定義の妥当性の主張にあたって坂本は「従

　　利益な取り扱いを差別とする。ということが問題となるが,これは本人の選択や責任と無関係でない理由による差別が存在することにより批判される。たとえば学歴差別や信条による差別は本人の選択や責任と無関係ではない。」としている。
270　前掲書,18頁。
271　前掲書,18頁。それ以前に坂本は「私たちは日常,差別という実体的現象が存在し,つねにその存在については指摘できるかのように考え,従来の差別の諸理論もこのような前提のうえで理論構築を図ってきた。」と先行研究の視座を否定している。(18頁)
272　前掲書,18頁。
273　前掲書,19頁。
274　前掲書,24頁。
275　前掲書,20頁。
276　前掲書,29頁。

来の,「専門家が差別を定義する」という考え方は，一見，客観的に差別が定義できるように思えるが，しかし,「専門家」とは誰なのかという問題を引き起こす。(中略) しかし，近年のセクシュアル・ハラスメントに始まって，今日差別とされているほとんどの事柄は，最初は「専門家」が差別と規定したのではなく,「無知」な一般の人々が差別と告発したのではないのか。本書で，差別の定義を，告発という行為に依拠しておこなったのは，こうした価値評価や認識の共有を前提としないで，議論をおこなうためなのである[277]。」と説明している。

　坂本の定義は，最後に坂本自身が指摘したように，差別の原因や，差別の構造については触れていない。前述で取り上げた江原は告発者の立証責任にいたる部分まで論じたが，坂本では告発以後の議論は展開されていない。告発が行われた後に，差別として認知されるか否か，という問題が発生するだろう。坂本の"告発されればすべて差別である"という認知を必要としない主張は，通常の感覚では同意しがたい部分も多い。しかし，坂本が論じた差別の性格[278]や「本論文で，差別の定義を，告発という行為に依拠しておこなったのは，こうした価値評価や認識の共有を前提としないで，議論をおこなうためなのである[279]。」という主張は差別の説明として優れている。

6 差別論の複雑化と進化

　前述のように，人種差別の議論にメンミ（1996），性差別に江原（1985），複合差別論に上野（2002），統括的な差別論に坂本（2005）を挙げてきた。これらの議論に触れることで，差別の定義がどのように論じられているのか，ということについて把握できた。各論を再度検討した結果気づく点は，古い時期に行われた差別の理論に比較して，近年の差別定義は差別の「巧妙なメカニズム」やより幅広い差別の性質を網羅した説明を行おうと苦心して

---

[277] 前掲書, 30頁.
[278] 前掲書, 16頁.「(1)差別は，当該社会成員が従うべきものとして存在する規範の問題である。(2)差別は，二つの社会間の関係として存在するのではなく，一つの社会内の特殊なカテゴリー化に内在する問題である。」
[279] 前掲書, 30頁.

いる点ではないだろうか。例えばメンミの議論においては，所有権が確実ではない特権を維持しようとするための正当化と差別が共有される工程が論じられている。しかし，江原の理論ではさらに差別の構造内に含まれるねじれが詳しく論じられている。上野は各差別が複合的に存在している空間を想定することで相互の関係を明らかにしようとした。その結果，複合差別論は差別の絡み合いを説明するために複雑な議論を展開している。坂本は差別の定義を明らかにしようとするだけでなく，差別全般に共有される概念を求めるという高度な論旨を掲げている。

　私たちの社会は著しい速さで変化を遂げ，グローバル化の流れの中で収斂していく。今や地球の裏側の国々は未知の世界ではなく，飛行機に乗って1日で行ける場所になった。情報に至っては，瞬時に伝達されていく。人々の移動は，先進国の少子高齢化による労働力不足と，発展途上国の余剰人口などを背景にさらに促進された。人々の往来が激しさを増し，収縮していく近年の世界で差別が新たに発生していく余地が増大していることは明白である。同時に複雑な差別の概念が必要となることも予想される。例えば，各国の人々が入り混じる社会で発生しているのは，従来の人種差別だけに留まらない。両親の母国文化を知らずに育ったにも関わらず，自国の中で"外国人"として差別に晒される2世，3世の人々に対する差別は人種差別なのだろうか。異人種間の婚姻関係の結果生まれた子供たちに対する差別もまた人種差別と呼べるのだろうか。新たな疑問と差別は増えても減りはしない。よって，差別の定義が複雑化し，各論が複合的，分野横断的に研究されてきていることは現実の流れに即している。その点差別の議論，差別研究は状況に応じてしかるべき発展を遂げてきたといえる。だがこのような発展を前にしても，坂本が著書の冒頭で指摘したように，差別を定義するためのさらなる学的努力の継続は必要とされている[280]。坂本が主張したように差別の定義や一般化の不在によって，理論が曖昧になり，適当な記述枠組みが採用されないという問題は起こり得る[281]。また，差別の定義なしには，差別の不在す

280　前掲書，4頁。
281　前掲書，4-5頁。

らも定義することができないのであれば，多くの先行研究が目標にしてきた差別の解消，差別が消滅した状態すら知ることができない[282]。つまり，差別の定義や一般化はより豊かで精密な議論の前提として欠かせないのである。しかし，差別を一般化する試みは，厳密なケーススタディの蓄積を前に等閑視される傾向がある。特に差別全体を統括的に一般化する試みは，近年佐藤・坂本らの努力によって研究が始められたばかりである。そこで佐藤・坂本らの議論を引き継ぎ本書の論旨として，差別のより明確な一般化を挙げる。

　次章では本書の議論を展開するために，オーストラリアのアボリジニのケースを検証する。ケースの検証のために，オーストラリアのアボリジニを選択したのには，いくつかの理由が挙げられる。第1の理由として，オーストラリアは国としての歴史が浅く，白人とアボリジニの接触は比較的近年に起こった出来事である。そのため，白人とアボリジニの接触以後の歴史記録が豊富に残っているため検証に事欠かない。第2の理由としては，オーストラリアの地理的な条件を挙げたい。オーストラリアは巨大な島国で，外部社会から孤立している。そのため，内部で白人とアボリジニの関係が，他の外部要因を比較的受けずに存在していた。よって，両者の関係はある程度の一般化が可能な状況を維持してきたことになる。このようにオーストラリアがケースとして好ましい条件を備えていたため，アボリジニのケースを取り上げることとした。

282　前掲書，4-5頁．

第3章　オーストラリア・アボリジニ

第1節　アボリジニのイメージと現状

　前章最後で「オーストラリアのアボリジニのケースについて検証する」と結んだ。ところで"アボリジニ"という言葉に対して日本人が描くイメージはいかなるものなのだろうか。「かれらは依然として原野を裸でカンガルーを追っている原始的人びとと考えられている[283]。」と鈴木（1995）は記述した。「実際，観光客誘致のテレビコマーシャルでは，岩のうえでヤリを手にした裸の黒人がものおもいげにたたずんでいる姿が映しだされている。また，日本人観光客が団体で食事するレストランでは裸体に白化粧を施したアボリジニが，異様に長い笛から流れてくる奇妙な音にあわせて踊っている。こうしたいわばエキゾチックさが，アボリジニが二〇世紀最後の狩猟採集民であるというイメージを増幅させているのだろう[284]。」と，イメージの根拠を鈴木は説明している。1956年のメルボルン・オリンピックから44年ぶりに，2000年のシドニー・オリンピックが開催された。藤川（2004）は，「メルボルン・オリンピックでは，アボリジナルが開会式に参加することはまったく考えられなかったことを考えると，白豪主義オーストラリアから多文化主義オーストラリアへの変貌振りが大きく実感できたオリンピックであった[285]。」とシドニー・オリンピックを評した。その裏づけとして，藤川は，

---

[283]　鈴木（1995）11頁。「そしてアボリジニにかんしては，一九九三年が国連の国際先住民年であったことがさらに拍車をかけたのか，世界の先住民のなかでも日本人にもっともよくしられている人びととなっている。それにもかかわらず，アボリジニについて日本人がもっているイメージには偏りがある。」と記されている点を補足したい。
[284]　前掲書，11-12頁。
[285]　藤川（2004）207頁。

シドニー・オリンピックの詳細を述べている。シドニー・オリンピックでは，聖火の受け取りをアリススプリング[286]でアボリジニの長老たちが行い，聖火最終ランナーはパートアボリジナルの陸上選手キャシー・フリーマンがその大役を担った[287]。開催式典の進行役も白人の少女とアボリジニの長老（謡い人）が行った[288]。このように近年，オーストラリアの象徴としてのアボリジニは多く見られる。しかし，これらはアボリジニの聖地であるアリススプリング，長老，謡い人，などのキーワードから見て取れるように「原始的人々」という鈴木が指摘したイメージから大きく逸することはないようだ。

　鈴木は「一九九一年の国勢調査によれば，総人口二三万のうち狩猟採集を生活の基盤としている辺境の人びとの数は数万にすぎない。残余は都市部で生活している[289]。」と指摘している。「（中略）ヨーロッパ人の影響をうけて都市で生活しているアボリジニと，昔ながらの狩猟採集を生活の基盤としているアボリジニにはっきりと二極化している[290]。」とアボリジニの二極化を指摘した。イメージと異なる点は「原野で生活しているはずのアボリジニが都市で生活している」ということだけではない。アボリジニは白人をはじめとして様々な人種との混血化が進んでいるため，彼らの外見も様々である。先行研究には，金髪で白い肌を持つためにアイデンティティに悩むアボリジニ[291]や，就職の有利を得るためにイタリア系，レバノン系またはイン

286　ノーザンテリトリー第二の都市（第一は，ダーウィン）。アボリジニたちに聖地として崇められているウルル（エアーズロックとも言われる。）に近い。
287　前掲書，206頁。
288　前掲書，205-206頁。「そして，第7場後半では，アトラクション進行役の白人の少女とアボリジナルの謡人（長老）が，民族の和解を象徴する橋（和解の橋）の上で仲よく並ぶと言う演出が施されていた。これは，国外に向けては民族紛争の停止，国内に向けては白人とアボリジナルの間の和解を暗示する。多文化主義推進に消極的で，アボリジナル国民と非アボリジナル国民との和解協定締結を拒否するジョン・ハワード連邦政府首相が貴賓席に陣取っていることを予想した演出である。」と言う政治的意味合いについても説明されている。
289　鈴木（1995）12頁。さらに強調して鈴木は「つまり，現実のアボリジニの姿は狩猟採集民というイメージからおおきくかけ離れているのである。」としている。
290　前掲書，12頁。
291　前掲書，110-115頁。「みてのとおり，わたしは膚の色も黒くないし髪も金髪ですから，少なくとも外見的にはアボリジニのようにみえないでしょう。実際，子どものころ白人でとおそう

ド系などと自らの出自を偽るアボリジニ[292]が報告されている。アボリジニが失っているのは，昔ながらの生活や，外見的特長だけではない。このような複雑な現状は，アボリジニ政策とオーストラリアの歴史の結果である。鈴木の第1章で「この章ではアボリジニが都市に住みつくようになった経緯を考察する[293]。」という命題を「かれらの都市民化は，たんに非都市部から都市部への移動という地理的・空間的移動によってひきおこされたものではなく，ヨーロッパから渡来してきた白人との複雑な歴史的事情がある[294]。」として，取り上げている。この議論はアボリジニ政策の歴史的経緯を多く含んでいるので取り上げたい。鈴木は「英国が，今日のオーストラリアになる土地に植民を開始したのは一七八八年であった。その後，英国人を中心とした白人入植者が増加し，一八六〇年代には広大な大陸のほぼ全土に進出した[295]。」と入植の始まりを説明している。「入植当初，英国政府は先住民との共存を図るよう現地の植民地政府に指示をだしていた。一八一四年に当時の総督マッコォリーは，現在のシドニーの西部の副都心パラマッタ地区に原住民学校を開設し，アボリジニに教育を施そうとした[296]。」

としたこともあったんです。生まれた町を離れて，ブリスベンの近郊へ引っ越したときのことです。生まれた町では，白人でとおそうとしても皆がしっていますから，そんなことをやっても無理です。ですから，あたらしい土地でないとダメです。家族が引っ越して転校したとき，あたらしい学校では，自分がアボリジニであることを黙っていました。クラス・メイトは皆わたしをうけいれてくれ挨拶もしてくれたし，友達もできました。でも，父兄会の時，母親が学校にきて，わたしがアボリジニであることが皆にしれてしまいました。すると，とたんにだれも挨拶もしてくれなくなりました。ですから，膚の色が白くてもアボリジニが「白人」としてやっていくのは無理なんだろうと思いました。いまは，自分がアボリジニであることを公にしています。でも白人みたいな膚の色ですから，よく「白人だ」とか「アボリジニらしくない」といわれます。アボリジニの旗をかたどったバッジやアボリジニ・カラーのTシャツを身につけているのは，自分がアボリジニであることを伝えるためです。いつもなにかひとめでアボリジニであることを伝えられる小物をつけています。」（110-111頁）

292 前掲書，81頁。「外見的に白人との区別がつきにくいことを利用しているアボリジニもいる。ダンス・スクールで学ぶキム（二一歳　女性）は，「わたしは，イタリア人とかレバノン人とかによく間違えられる。アルバイトを捜すときには，間違えられたままにしておく。また，たずねられるまで，自分からアボリジニであることはあかさない。その方が仕事をみつけやすいから」という。」
293　前掲書，19頁。
294　前掲書，19頁。
295　前掲書，19頁。

としている。だが10年を経ずして入植当初の計画は失敗し、「やがて土地開発が急速に進行するなかで、入植者たちはアボリジニを迫害し、大量虐殺をおこなうようになった[297]。」とされている。鈴木は「このような状況にたいして、宗主国英国では非難する声が高まり、植民地政府は無視することができなくなった。そのために、アボリジニを特定の地域や施設に収容する政策が採用された[298]。」とし、今日有名なリザーブ（居留地）が誕生した経緯が明らかにされている。リザーブではアボリジニを西洋化するための教育が行われていた。鈴木は「キリスト教への改宗はもちろんであるが、それと並行して、宣教師たちがもっとも重視し実践したのは、アボリジニに私有の概念と西洋の時間を習得させようとしたことであった[299]。」と教育内容について説明している。「このように徹底してアボリジニを管理したのは、かれらを文化的に白人化しようとしたからである[300]。」という指摘が示すように、アボリジニ文化の否定[301]と、アボリジニの白人化・西洋化がリザーブの目的であり使命だった。オーストラリアが1901年に連邦国家として独立したとき「各植民地政府は現在の州政府に移行したが、このような変化のなかでも、居留地制度を支えていた保護・隔離政策は新しい各州政府によって一九三〇年代まで維持された[302]。」と説明されている。長く維持されてきた体制が崩壊したのは、1937年の会議決議が発端だった。「1937年に開催された会議で有益な労働者と社会構成員を作ると同時にアボリジニを政府がコントロールできない接触から守る必要性が論じられた。その結論としてパート・アボリジニ（混血）の人々がいる白人社会と純血の人々がいるリザーブを可能な限り隔絶することが決めら

296　前掲書、19頁。
297　前掲書、19-20頁。
298　前掲書、20頁。「この政策は一般に保護・隔離政策と呼ばれており、これによってリザーブ（reserve）と呼ばれるアボリジニ収容地域や施設が設置された。」
299　前掲書、21頁。
300　前掲書、25頁。
301　前掲書、21頁。より詳しくは、「一八世紀まで外の世界からほとんど孤立していたアボリジニは、時間にあわせて生活するという考えがなかった。また狩猟採集民であるアボリジニは共有の概念こそもちこそすれ、私有という考えにはなじみがなかった。このような文化的特徴が、白人入植者の眼には、アボリジニが原始的であると映っていた。」と補足されている。
302　前掲書、26頁。

第1節　アボリジニのイメージと現状　61

れた[303]。」という決定が，長期間維持されてきたリザーブの体制に変化を生じさせた。

鈴木は「この決定の背後には，白人入植者が集中していた地域では，アボリジニの混血化が進行し，純血のアボリジニがほとんどいなくなっていたことが関係したのはもちろんであるが，それとはべつに居留地から移動させられたアボリジニの数がこのころには増加していたこともあげられるだろう[304]。」と説明している。「四分の三世紀ちかくアボリジニを隔離して保護してきた居留地制度は，一九三〇年代には白人社会で生活しているアボリジニの増加により，実効性が減じていた。居留地制度の廃止はこうした実情を追認したものであったといえる[305]。」と結論づけている。「その結果，居留地の解体が始まり，混血のアボリジニはよりいっそう白人社会に吸収されるようになった[306]。」とその後の社会的変化が述べられている。リザーブの当初の目的，「アボリジニの白人化・西洋化」とは裏腹に，長期間の居住地政策はアボリジニを伝統的な生活手段から隔離し，居住地に依存させていた[307]。リザーブに依存していたアボリジニは1937年の居留地解

---

303 Rowley (1986) p. 136, "The same dilemma, outlined by Gipps in 1840, exercised the minds of the members of the 1937 Conference-how to make a useful worker and member of society, and the same time protect the Aboriginal from contacts which no government had been determined or able to control. The 1937 solution was to place the part-Aboriginal in white society and the 'full-blood' on reserves as isolated as possible." （なお，Rowleyの文章を見れば分かるように混血のアボリジニはpart-Aboriginalとされている。）鈴木（1995）は同様の部分を引用し「一九三七年連邦政府と州政府は，アボリジニの取り扱いを検討するための会議を開催して，そこで混血のアボリジニを白人社会に吸収し，大陸国分海岸線や中央砂漠地帯にある大保護区で生活していた純血のアボリジニはできるだけそのまま保護していくことがきまった。」（26頁）としている。
304 前掲書，26頁。この具体的な理由として「ひとつは，アボリジニの親の影響を阻止するために，寄宿舎に集団収容したり，年少のうちにヨーロッパ人家庭に里子にだし白人化教育を施していたことがある。かれらは成長したあとも白人のなかにとどまっていた。ふたつめの理由は，居留地で育っているが，家事労働がうまくできた女子はドメスティックと呼ばれる召使となっていたことがある。かれらは居留地をでて白人家庭に住みこみ生活していた。三つめの理由としては，ある一定の条件をみたすことができれば居留地を退去できるようになっていたことがあげられる。」（26頁）が挙げられている。
305 前掲書，27-29頁。
306 前掲書，29頁。
307 Attwood (1989) p. 30-31.

体後，生活手段を失った。彼らは新たな生活手段を求めて資源が集中する都市を目指したため，アボリジニ人口が都市部で増加したと説明されている[308]。

リザーブなどに代表されるアボリジニ政策は時代の変遷と共にほとんど消滅したが，その多大な影響は消滅していない。例えば，鈴木は「数世代にわたる居留地での生活はアボリジニの意識に多大な影響を与えた。白人化教育をうけたアボリジニは，そうでないアボリジニとべつの存在であると考えるようになっていた。そして，外見が「白い」ほどよいと考えたり，白人へのあこがれももつようになっていた[309]。」と影響を説明している。「アボリジニであることを避けようとした最大の理由は，居留地での生活をとおしてアボリジニであることや，アボリジニに関係することがらが望ましくないと否定的に教えられてきたからである[310]。」とされ，差別の内面化とも言える現象が見て取れる。変化はアボリジニの意識だけではない。「居留地での生活は，アボリジニの生活様式にも変化を与えた。白人化教育によって，固有の言語を話すことや，狩猟採集もできなくなった。キリスト教化のため，儀礼の実践もできなくなった。そのために，昔ながらの生活様式はほとんどわすれさされたようである[311]。」とし，文化的な面にまで影響が及んでいる点が指摘されている。

長期間の居留地政策，同化政策，強制移住，Stolen Generation すなわち盗まれた世代などがかつてのアボリジニ・コミュニティを崩壊させ文化の継承の大半が廃れてしまった様子は他の先行研究も指摘するところである[312]。現在文化多元主義政策の下，アボリジニ文化の地位が回復された[313]が，前述のような歴史的経緯の中でほとんどのアボリジニが自らの文化を継承して

---

308 鈴木（1995）36頁。「居留地から解放されたアボリジニは，生活の糧を自力でえなければならなかった。かれらは仕事を求めて都市へと移動した。」
309 前掲書，29頁。
310 前掲書，33頁。
311 前掲書，34頁。
312 青柳ほか（2004）94-96頁。
313 鈴木（1995）150頁。「一九八〇年代にはいって，文化多元主義政策が国策として採用されると，アボリジニ文化は国民的遺産と位置づけられるようになった。」

いない。そのため，アボリジニによるアボリジニ文化の学習[314]という一見奇妙な現象も起こっている。このように様々な点でアボリジニの実情は，イメージとはかなり異なる。

　もう1点，アボリジニを語る上で注意すべき点は，地域格差である。オーストラリアは現在連邦制を取るが1967年の国民投票で憲法が改正されるまで，連邦議会は先住民政策に関する立法権を所有していない[315]。連邦結成以前は，それぞれの州政府の法律・行政によって，先住民に関する事柄は取り決められていた[316]。連邦政府によるアボリジニ政策の歴史は浅く50年ほどである。そのため先に挙げたリザーブ政策など各地に共通点は存在するが，細かな点は州政府単位で異なる。また，そのような歴史的背景もあってアボリジニ・コミュニティは地域格差が大きい。まずアボリジニ人口は都市部に4分の3の人口が集中している[317]。特にシドニーとブリスベンそれぞれ1つの都市で全体の5分の1を占めている[318]。だがアボリジニ人口分布が多かった都市部の地域では，アボリジニ以外の人口も多く集中している。そのため人口構成として相対で見ると，メルボルン（ヴィクトリア州）やシドニー（ニューサウスウェールズ州）などの都市は，アボリジニが全体に占める割合は非常に低く0-4％と最低レベルになる[319]。一方，ノーザンテリトリー州（以下NT）やウェスターンオーストラリア州は，アボリジニ人口の分布は決して高くない[320]。しかしこれらの地域は，アボリジニが人口の全体に占め

314　前掲書，150-172頁。「一九七〇年代後半から優先政策によって，アボリジニの社会経済的地位は徐々に改善されてきている。これにたいして白人のなかには，「今日のオーストラリアではアボリジニであることが得になる」というみかたをする人も居るように，「アボリジニらしくない」都市部のアボリジニが政策を利用することを一般的に好ましく思っていない。そうした批判をかわし，アボリジニであることを十分に活用するには，アボリジニらしい特徴を身につけることが不可欠となる。したがって，都市部のアボリジニの文化学習は，よりアボリジニらしくなるために客観的指標となるアボリジナリティを習得するという目的がある。特徴的なのは，本来生活のなかで身につけていくはずの文化を客体として扱い，学習という意識的活動で習得しようとしていることである。」(150-151頁)
315　小山ほか（2002）132頁。
316　前掲書，132頁。
317　Arthur (2005) p. 70. "Distribution of Indigenous population, 2001"
318　Ibid, p. 70. "Distribution of Indigenous population, 2001"
319　Ibid, p. 70. "Indigenous population as a percentage of the total population, 2001"

る割合が非常に高く50-91%と最高レベルになっている[321]。

　原住民の言葉を話すことができる割合がもっとも高い地域と，アボリジニの人口が全体の人口に占める割合が高い地域はほぼ一致している。NTの約半分の地域が65-94%，それ以外の場所でも14-64%の人々がアボリジニの伝統的言語を話していると言う統計がある[322]。同様にアボリジニが所有する土地の割合も，アボリジニが人口の全体に占める割合が高い地域であるNT州，ウェスターンオーストラリア州等で高い[323]。しかし，アボリジニの人口分布が高かったニューサウスウェールズ州やヴィクトリア州では，1%未満と小さい数字を示している[324]。つまり，アボリジニの人口分布や，文化の継承に地域格差がある，ということである。また，アボリジニの人口分布自体にはあまり意味がないが，アボリジニの人口が全体人口に占める割合は伝統の継承，アボリジニの土地所有率と相関関係を見せることがわかった。NTにおけるアボリジニの土地の所有権は43.7%である。なお，NTに次ぐサウスオーストラリア州は19.1%であるためNTの数字が群を抜いていることがわかる[325]。以上のようにNTのアボリジニ文化の保存状態は，オーストラリア国内でも特異な例であると言える。そのため本書で取り上げるケースとして，第1にNTを挙げることとした。

　翻ってアボリジニという定義について考えてみる。歴史的経緯の複雑さが示したように現在アボリジニと呼ばれる人々は多様である。そのためアボリジニを定義するにあたり，肌の色，純血であるか否か，どのような文化的背景の下に生きてきたかなど，様々な議論が混乱した状態にある[326]。過去の政策によって出自から切り離され，混血化が進んだアボリジニが多数存在する社会の中で，誰を"アボリジニ"とするかは難しい[327]。アボリジニとし

320　Ibid, p. 70. "Distribution of Indigenous population, 2001"
321　Ibid, p. 70. "The Indigenous population as a percentage of the total population, 2001"
322　Ibid, p. 82. "Proportion of people who speak an Indigenous language, 2001"
323　Ibid, p. 145. "Proportion of land that was Indigenous, 1996"
324　Ibid, p. 145. "Proportion of land that was Indigenous, 1996"
325　Ibid, p. 145. "Proportion of land that was Indigenous, 1996"
326　Garden (2000) は以下のインターネット上のものを参照した。http://www.aph.gov.au/LIBRARY/pubs/rn/2000-01/01RN18.htm

第1節　アボリジニのイメージと現状　65

て差別される人々がいるその一方で，アボリジニという定義から抜け落ちる混血の人々も迫害を受けてきた。混血のアボリジニは，"アボリジニだ""いや，アボリジニではない"という他人が彼らに対して発する2つのフレーズの狭間で翻弄され続けてきたといえる。「アボリジニである」と「アボリジニではない」という評価が混在する問題が顕著に現れているのが，タスマニアのアボリジニのケースである。タスマニア最後の純血のアボリジニはTruganini[328]という女性である。Truganiniが1876年5月8日に死んだということはよく知られた史実として本の中で頻繁に見かける。例えば，タスマニアと辞書で引いてみると，「オーストラリア大陸の南東方にある島。オーストラリアの一州。1642年オランダ人タスマンが発見。先住のタスマン人は1876年絶滅[329]。銅・亜鉛など地下資源に富む。州都ホバート[330]。」とされている。

　辞書の"絶滅"という言葉にも関わらず政府が出す統計にはタスマニアに住むタスマニア・アボリジニの子孫[331]が数字として存在している。タスマニア州に住むアボリジニは2001年の時点で15,733人とされている。この数字はアボリジニ人口全体の3.8%であり，オーストラリア全体で見るとオーストラリア首都特別地域（キャンベラ）の0.9%についで2番目に少ないが，ゼロではない[332]。Ryan（1996）も指摘したように，最後の純血タスマニア・アボリジニの死亡という有名な史実の下で，現在も生き続けているタ

327　アボリジニのアイデンティティの複雑さを示す事例として，兄弟姉妹間でも，外見との一致や本人の意向によってアイデンティティの選択が異なるケースを挙げることができる。小山ほか（2002），99-100頁。
328　文献によって「Truganini」とする場合と「Trukanini」とする場合など，複数の呼称が見られるが，本書では「Truganini」で統一する。
329　文献によってはタスマニア先住民のことを「タスマン人」としている。
330　大辞林　第三版（項目「タスマニア」で引いた。），1546頁。
331　"However, they are unquestionably descendants of Tasmania Aborigines, and they retain their identity as Aborigines." とRyan（1996）p.1.によって指摘されている。
332　Australian Bureau of Statistics (2004) の Aboriginal and Torres Strait Islander population の表S 5.1 INDIGENOUS CENSUS COUNTS (a)のうち，「PROPORTION OF TOTAL INDIGENOUS COUNT (%)」の部分参照。
　　http://www.abs.gov.au/ausstats/abs@.nsf/Previousproducts/1301.0Feature%20Article52004?opendocument&tabname=Summary&prodno=1301.0&issue=2004&num=&view=

スマニア・アボリジニがかき消されてしまっている。白人の入植後，アボリジニ人口が極端に減少したことはオーストラリア全土に共通する[333]。アボリジニ人口の内，混血のアボリジニが占める割合が増大している傾向はどの州でも共通した現象である[334]。しかし，Ryan が指摘したように本土のアボリジニに関して"絶滅"という概念は共有されておらず，タスマニア・アボリジニに対してのみ"絶滅"という概念が広く普及している[335]。そこで本書で取り上げる第2のケースとしてタスマニアを NT の対極として挙げることにした。

第2節 ノーザンテリトリー

1 忘れられた土地 —NT 初期[336]—

オーストラリアを辞書で引くと「(2) オーストラリア大陸とタスマニア島

---

333 Ryan (1996) p. 1.
334 Ibid, p. 1. で "They may not be "full blooded", but then neither are most mainland Aborigines." とされている。また青山（2001）144 頁にも記述がある。
335 Ibid, p. 1.
336 ノーザンテリトリーとタスマニアのケースを取り上げるにあたって便宜上，2つの地域の歴史を初期，中期，後期，その後と4つの時期に分けた。いずれの区分も時間的に均等な区切りではなく，大きな社会変化を契機として分けている。NT 初期は，NT が誕生した1863年から1911年までを指す。1911年は，NT の管轄がサウスオーストラリア州から連邦政府へと移管した年で，移管に伴いアボリジニ政策に大きな変化が起きている。NT 中期は1911年から第二次世界大戦が始まる1949年までと定義した。この時代は，連邦政府直轄としてアボリジニ支配が社会制度として構築された時代として一貫している。後期は1939年から1953年までとした。1953年は NT に長く支配を敷いた Aboriginal Ordinance 1911 が Northern Territory Welfare Ordinance 1953-60 の発令によって役目を終えた年である。NT 後期は第二次世界大戦を通して，アボリジニの労働環境が変化し，それに伴いアボリジニの人々が同権を求めて放棄した変動期として区分できる。NT において"その後"と区分される時期は，1953年以降，今日までを指す。この時期は，同権獲得運動が普及してから今日までの社会的変化を捉えている。一方タスマニアの初期は，周期的な訪問者としてアザラシ猟師たちがタスマニアを訪問しはじめた1800年から，農業入植者がタスマニアに入植しはじめる1807年までとした。タスマニア中期は，農業入植が開始された1807年からタスマニア・アボリジニと白人入植者の関係が悪化しはじめる1824年と定義した。タスマニア後期は，タスマニア・アボリジニとの争い，駆逐のための動きが活発化した1824年から本島に自由の身で生きるタスマニア・アボリジニが存在しないと公に認識されるようになった1834年までと定義した。タスマニアの"その後"は，1834年以降現代までの歴史的経緯を論じている。

などを領土とする連邦共和国。六州・キャンベラ特別区（首都）・ノーザンテリトリー（準州）から成る[337]。」とされている。つまりノーザンテリトリーは準州で州ではない。「北部準州（ノーザンテリトリー）は憲法を有しないが，議会は連邦の1978年北部準州自治法（Northern Territory Self-Government Act 1978）第6部によって，北部準州の平和，秩序，よい政府のために立法を行なう一般的な権限を与えられている[338]。」としており，さらに「自治権を持つ特別地域政府のうち，北部準州と首都特別地域はその他の州と同様の権限を与えられている[339]。」と先行研究が示している。そのため，準州というNTの立場は，州とあまり変わらないものと捉えてよいだろう。「オーストラリアは連邦制をとってはいるが各州政府の力が非常に強い。各州の首都は地理的にも離れておりまた歴史的に相互に独立して発展してきた関係もあって，その結びつきが弱い[340]。」という評価も挙げておきたい。州政府の権限が強いことは前項で取り上げたように，アボリジニ政策が各州に任されてきた歴史の中にも見ることができる。

　NTはオーストラリアの中北部に位置し，西はウェスターンオーストラリア州，南は南オーストラリア州，東はクィーンズランド州と接する。NTの面積は1420,968 km^{2}で，人口は2005年の時点で202,793人とされている[341]。オーストラリアで最も人口の多いニューサウスウェールズ州で6,774,249人[342]，NTの次に人口が少ないオーストラリア首都特別地域でさえ344,200人[343]の人口を抱えていることを考えるとNTの人口は非常に小さい

337　大辞林　第三版（項目「オーストラリア」で引いた。）318頁。
338　橋都（2006）263頁。
339　前掲書，259頁。
340　宮下（1972a）32頁。
341　統計に関する数字はAustralian Bureau of StatisticsのWebのうち，"Population by Age and Sex, Northern Territory-Electronic Delivery, Jun 2005"を参照した。
　　http://www.abs.gov.au/ausstats/abs@.nsf/mf/3235.7.55.001
342　統計に関する数字はAustralian Bureau of StatisticsのWebのうち，"3101.0—Australian Demographic Statistics, Jun 2008"を参照した。
　　http://www.abs.gov.au/ausstats/abs@.nsf/mf/3101.0/
343　統計に関する数字はAustralian Bureau of StatisticsのWebのうち，"3101.0—Australian Demographic Statistics, Jun 2008"を参照した。
　　http://www.abs.gov.au/ausstats/abs@.nsf/mf/3101.0/

といえる。NTのうち,トップエンドと呼ばれる北部の25%だけが熱帯気候のあらゆる特徴を備えているとされる[344]。この熱帯部分にNTのおよそ80%の人口が集中している[345]。熱帯地帯のみならずNTには様々な気候の地域が混在しており,NTの南の部分の大半は,北部とは逆に砂漠や半乾燥の平野になっている。武内・大森(1988)では,オーストラリアの植生が乾燥した大陸中央部では低く疎になり,同心円状の帯状配列を保ちながら外部に向けて高木林になるとされている[346]。そのため沿岸部の外側からオーストラリア大陸内部に縦長に広がるNTは様々な気候と植生を持ち合わせることになったのである。トップエンドの天候は乾燥気候もしくは湿潤気候で,年間を通じて最高気温は30℃から34℃,最低気温は19℃から26℃程になる[347]。中部の気温はさらに変化しやすい。冬には急に凍結するほど気温が下がり,夏には40℃以上に急上昇することもある厳しい環境となっている[348]。「オーストラリア大陸は,全般的に温度条件に恵まれており,それが植物の成長を阻害する要因となることはない[349]。」と武内・大森が指摘している。NTの半分以上の土地が農業に適さないのは,温度条件ではなく,雨量・蒸発量が原因である。

宮下(1972)は,オーストラリア大陸は全体的に雨が非常に少なく,また不規則であると指摘している[350]。雨量が少ないにもかかわらず,「オースト

---

344 気候の部分については以下を参照した。
　http://studyinaustralia.gov.au/Sia/ja/LivingInAustralia/NT.htm
345 http://studyinaustralia.gov.au/Sia/ja/LivingInAustralia/NT.htm を参照した。
346 武内・大森(1988)125頁。
347 気候の部分については以下を参照した。
　http://studyinaustralia.gov.au/Sia/ja/LivingInAustralia/NT.htm
348 http://studyinaustralia.gov.au/Sia/ja/LivingInAustralia/NT.htm を参照した。
349 武内・大森(1988)125-126頁。
350 宮下(1972a)22-23頁。「しかしながらこの広大な大陸の全てが利用可能な土地ではない。それは,この大陸は南半球の高気圧帯・反季節風帯に位置するため,晴天で雨の少ない気候に支配され,国土の3/4が海抜450m以下で最高峰のMt. KOSCIUSKOでも海抜約2,200mという比較的平坦な地勢のため,一部の地方を除いて雨量は非常に少ない。それに対して蒸発量が非常に大きいため,国土の大部分は砂漠または半砂漠となっており,農業活動は勿論,人間の居住すら困難な地域が大部分である。すなわちこの国の経済活動は,雨量の多寡およびその信頼性によって決定されていると言っても過言ではない。先述したように,この大陸は雨が少なくかつ不規則であって信頼性が低く,また地域的に偏って降る。すなわち年降水量250mm以

ラリア大陸は一般に高温で特にその中央部では年間蒸発量が2,500mm以上もあるので如何に乾燥した大陸であるか理解されよう[351]。」と温度条件が乾燥を引き起こし，実質的な雨量をさらに減少させる結果となっていることも指摘している。宮下によれば「土壌の性質は一般的に言って，その地方の気候と密接に関連している[352]。」と説明されている。「オーストラリアの土壌は一般的に非常にやせている。それは1つには乾燥した気候のために植物の成長にとって必要な水分を含んでいないことによる。第二には窒素，リン，カリ，硫黄などの主要肥料分と銅，亜鉛，モリブデン，マンガン，棚素などの微量成分の含有率が低いことによる[353]。」と植物の育成が難しい状態であることが指摘されている。

　農業の適合性についてはEffective rainfall[354]という概念を用いてより詳しい説明が行われている。宮下は「この有効降雨（Effective rainfall）のある月が五カ月以下の場合は植物は生えても，農業を行なうことは危険である[355]。」としている。NTはほとんどが農業を行なうことが危険な地域の条件に当てはまっており，NTで農作物の生産は難しい状態である。「（中略）近年このアウトバックで鉄鉱石，銅鉱，ボーキサイト，ニッケル鉱などの資源が続々と発見され，無人の荒野に新たな鉱山町が建設されている[356]。」とNTの新たな経済動向が指摘されている。だが「各州の首都は地理的にも離

　　下の地域が国土の39％を占め，250mm～375mmの地域が20.6％，375mm～500mmの地域が11.2％，500mm～625mmの地域が9.0％，625mm～750mmの地域が7.2％，750mm～1,000mmの地域が6.1％であって，1,000mm以上の地域がわずか6.9％を占めるにすぎない。東京の年平均雨量が1,500mmであり，日本の乾燥地域と言われる地域でも年雨量1,000mm以下をさす程度である。」
351　前掲書，23頁。
352　前掲書，26頁。
353　前掲書，26頁。同時に「しかしながらこれらの欠陥は，雨量の比較的多い地方や灌漑がなされている地方では，適当な肥料の散布や窒素分を補うために豆科植物を植えることによって克服されている。」と改良策が提示されていた。
354　前掲書，25頁。「Effective rainfallを用いた方が経済活動への影響を知る場合より有効である。このEffective rainfall1とは一カ月の雨量が0.4E0.75より多い降雨をいうが，この場合Eはその月一カ月間の標準水面よりの蒸発量を表す。」
355　前掲書，25頁。
356　前掲書，32頁。

れており また歴史的に相互に独立して発展してきた関係もあって，その結びつきが弱い。これらの地域はまた主要工業地帯であるので，人間や物資の空間的移動をどうやっていくかということは大きな問題である。これら人口密集地帯の先はアウトバック（Outback）とよばれる人口稀薄な広大な地域が横たわって居り，そこには少数のオーストラリア原住民（Aborigines）と牧場の人々が住んでいるに過ぎない[357]。」ことや，「(中略) そこでの厳しい生活や採掘した鉱石を市場にまで長距離の輸送を必要とし，その開発はなかなか容易ではない[358]。」という問題が挙げられている。

Broome (2001) は，オーストラリアの開拓が開始された時期を1810年代から，1836年，1850年，1870年，そして1890年までの5つの時代で分類している[359]。初期の入植から，後期の入植までの期間が80年とすれば時差はかなり大きいと言える。オーストラリアの土地利用が決まり，実行に向けてイギリス政府が人間を派遣し始めたからといって，すぐさまオーストラリアが現在のような社会に変容したわけではないことが見てとれる。Clark (2006) は，「初期の食物生産が失敗したことは，驚きに値しない。入植先で食料が生産できなかったため，植民地の人々は，イギリスから運んできた食料のたくわえにすぐに頼るようになった。この困難に加えて，一隻だけ残されたSirius号[360]を派遣し，状況を改善しようとしたがSirius号は1790年3月にノーフォーク島で座礁した。(中略) 食料の配給を待っている間に倒れた老人を死因解剖したところ，医者は胃が完全に空だったことを発見した[361]。」と入植初期の困難を描いている。

他にもBlainey (2001) の "The Tyranny of Distance[362]" は「残った船

---

[357] 前掲書，32頁。
[358] 前掲書，32頁。
[359] Broome (2001) p. 41. から引用。
[360] 1788年，植民地に船はSirius号とSupply号の2隻しかなかった。Sirius号は砲20門を備え500トン以上を積むことのできる大きな船だったが，Supply号は小型帆船だった。(Blainey (2001) p. 44, p.48) Clarkの記述は，長く危険な航海に耐えられる船がSirius号1隻しかなかったことを意味している。
[361] Clark (2006) p. 20.
[362] オーストラリアの距離的孤立を表し『距離の暴虐』とされている。

はたった一隻 Supply 号しかなかった。Supply 号はとても小さくて何トンもの食べ物を運ぶのは無理だった。そこで Supply 号をジャカルタ（オランダ領）に送り，食べ物を買うと同時に多くの食料を運ぶことのできる船をチャーターさせることにした。今やシドニーとノーフォーク島の2つの植民地は 1,000 マイルを船なしで隔てられ，食料貯蔵庫の中にあるとても僅かな食料と数エーカーの作付けされた農業に向かず半年は収穫の見込みのない土地があるだけだった[363]。」と描写している。逆境の中，白人入植者たちは開拓を進めていったが，未開拓地の消失にはかなりの時間がかかっている。NT は開拓後期の 1870 年代として分類されている。McGrath (1995) は「土壌と気候条件が劣悪なため，現在ですら NT は白人に占有されていない。NT の発展は断続的で，広大な区域が不経済だと証明されているため見捨てられている。この無用な土地が要求に応じてアボリジニに返還された。白人人口が増加しなかったため，アボリジニの伝統的生活に対する影響は少なかった[364]。」と記述し，NT の運命が過酷な自然環境に左右されてきたことを指摘している。

　NT の誕生は 1863 年，Northern Territory Act of South Australia がイギリス政府によって制定された時に遡る[365]。この年 NT は，ニューサウスウェールズの管轄から SA（サウスオーストラリア）植民地の管轄に移された[366]。「その翌 64 年，NT の入植地の第 1 回販売がアデレードで開催され，2 年後の 66 年には入植者が大陸中央部のマグドネル山脈に，そして時をおかずにアリス・スプリングに到着した[367]。」と松山・Rowley[368] は入植の様子を明らかにしている。なお，藤川はこの時期に「牧畜家たちは，羊や牛を追いながら，新しい牧草地を求めて大陸の内部を北上する[369]。」とし，入植

363　Blainey (2001) p. 48.
364　McGrath (1995) p. 270.
365　Rowley (1986) p. 206.
366　Ibid. p. 206. 同様に松山（1994）67 頁。「1863 年，イギリス政府は Northern Territory Act of South Australia を制定する。これにともなってノーザンテリトリーはニューサウスウェールズ植民地を離れ，SA 植民地の管轄に移ることになった。」
367　松山（1994）67 頁。
368　Rowley (1986) p. 206.

が牧畜業の展開のためであることを示している。より詳細な説明は松山にある。「牧畜業を主体とする内陸への入植は，1870年に開始され72年に完成したOverland Telegraph Lineの建設労働者への食肉の供給が刺激となって，急速に進展する[370]。」と入植が内陸で展開された要因を指摘している。「その結果，80年にはパストラル・リース[371]がNTの10分の1に，90年には5分の2に拡大していった[372]。」と説明されている[373]。入植・牧畜が進められていく傍ら，NTにおけるアボリジニ政策の不在が指摘されている[374]。「すでに1870年パーマストンPalmastone（現在のダーウィン[375]）に行政府が開設されたとはいえ，当時のSA（サウスオーストラリア）植民地政府が南部のパート・アボリジニ対策を主眼としていたからである[376]」と松山はNTのアボリジニ政策が積極的に行われてこなかった理由を説明している。同様にRowleyも「1911年に連邦政府の管轄に移るまで，NTはサウスオーストラリアとアボリジニ政策の管理を共有していたが，基本的な法規定を欠如させていた[377]。」と指摘している。このように先行研究はサウスオーストラリア管轄化のNTにおいて，アボリジニ政策や白人支配が希薄もしくは不在だったことを指摘している。

NTがサウスオーストラリアの管轄化に置かれていた時代の詳細は，Reid（1990）で知ることができる。「NTにおける白人の継続的な滞在は，サウスオーストラリアが僅かに受け取る見返りのために政府が支払った大量の出費で維持されていた[378]。」とNTの入植に利益がなかったことを明らかにしている。「最終的にサウスオーストラリアが"無用の長物：NT"を処分するこ

---

369 藤川（2004）103頁。
370 松山（1994）67頁。
371 「パストラル・リース」とは政府による牧場創設者への貸付制度のことを指す。
372 前掲書，67頁。
373 前掲書，67頁。
374 前掲書，67頁。
375 ダーウィンはNTの州都であり，この一文は「NT地区内に政府が設立されてはいたがNTのアボリジニ政策が不在であった」ということを示しているといえる。
376 前掲書，67-68頁。
377 Rowley (1986) p. 218.
378 Reid (1990) p. 196.

とに成功した1911年1月1日, 500,000平方マイルに対して非アボリジニ人口は僅か1,200人, 全体でも2,800人しか存在しなかった[379]。」と入植が難航する様子を示している。一方で「サウスオーストラリア政府の管轄時代に, NTのアボリジニ人口は約50,000人から約22,000人に減少している。人口減少はその他の植民地と同様だが, それ以外の社会的影響の表出は異なっている[380]。」としており, Reidではアボリジニ社会に起こった変化も論じられている。

　アボリジニ人口の減少自体は入植後のオーストラリアにおいて共通した現象だったが, ReidはNTのアボリジニに対する支配体制が他の地域に比較して弱かったことを詳しく説明している。Reidは「後にSouth Australian Act of 1910と合併したNorthern Territory Ordinance of 1911や法的な規定にも関わらず, 特別な状況が支配から逃れることを可能にした[381]。」としている。Reidは,「NTの特別な状況は, 相対的に小さな白人人口と大きなアボリジニ人口, そして広大な土地にある。このようなNTの環境はいかなる政策も1859年以降のクィーンズランドのように成功裡に実行させるのを難しくした[382]。」とNTの特質を挙げている。また人口比とNTの自然環境に関連してReidは「NTの大きさゆえに小さな非アボリジニ人口とサウスオーストラリア政府の限られた資源のためNTの管理はいつも小さかった[383]。」と, 強力にアボリジニ政策を実行し, アボリジニを支配するには十分な体制がNTには望めなかったことが説明されている。NTの特徴的な点として入植のプロセスが挙げられる。「NTに対するヨーロッパ人たちの侵略のプロセスは, 他の植民地とは異なる。南－東オーストラリアで, 白人たちはシドニーからフィリップ港地区へ, ニューサウスウェールズ西の平原からクィーンズランド州のダーリンダウンズまで, と外側に扇状に入植が進められている。もう1つの方法は, クィーンズランドに見られる方法で, ロッ

379　Ibid, p. 196.
380　Ibid, p. 196.
381　Ibid, p. 197.
382　Ibid, p. 197.
383　Ibid, p. 200.

クハンプトン,ボーウェン,トーンシヴィレとノーマントン,一般的に開拓が線状に植民地を横断する形を取っている。NT は占有がほぼ中央から行なわれている。スチュアートトラックに沿った電信線の建設に伴って,牧畜家たちは電信線の東西の土地を所有した。もっと小さな広がりで牧畜家たちはクィーンズランドから東西に扇状の侵略が可能だった。しかし,侵略者から非侵略者の側へと追い込むように開拓は行われていない[384]。」そのため Reid では「一部のアボリジニは見つけられ,白人たちに支配されたが,それ以外はそのままに取り残された[385]。」と指摘されている。

　また別の議題としてミッションの役割について考える必要がある。McGrath では「最初のミッション・ステーションはハーマンスブルグの南に 1877 年と,ルーパーリバーの北に 1908 年に建てられ,アボリジニを牧畜家から保護する役割を負っていた[386]。」とされている。同様に松山でも「そうした状況のなかで,基本的にはアボリジニの「保護者」でありつづけたキリスト協会各派は,1877 年のルーテル協会派によるハーマンスブルグ・ミッションの開設をはじめとして,各地でアボリジニの教化と文明化を試みていった[387]。」とし,この時期 NT におけるミッション・ステーションの活躍を指摘するものは先行研究の中に少なくない。しかし Reid では若干異なった見解が提出されているので触れておきたい。Reid では,「僅かに建てられた NT のミッションは,僅かな永続的影響力しか持っていない[388]。」とされている。Reid がミッションによるアボリジニに対する影響をあまり重要視しない根拠としては,「ヴィクトリア州,ニューサウスウェールズ州,サウスオーストラリア州では 1880 年代までにほとんどのアボリジニの唯一の家は白人たちによって彼らが送り込まれたミッション・ステーションだった。しかし,サウスオーストラリア政府管轄下の NT ではこのような強制移住は存在しなかった。またアーネムランドのような地域では,深刻で長期的な伝

384　Ibid, p. 198-199.
385　Ibid, p. 199.
386　McGrath (1995) p. 275.
387　松山 (1994) 67 頁。
388　Reid (1990) p. 199.

統的生活に対する侵害は行なわれていない[389]。」という点が挙げられる。また別の根拠として「ハーマンスブルグにはサウスオーストラリア政府管轄下時代，200人以下のアランダ部族しかいなかった[390]。」という点が挙げられるだろう。逃げる自由を与えられていたNTのアボリジニの人々がわざわざ好き好んでミッション・ステーションに助けを求める，という事態は想定しにくい。そのため，ミッション・ステーションの影響力は存在したが，Reidが指摘したように，多大ではなかったと想定したほうが，合理的である。

　これらのNTの入植初期，主に1863年から1910年までを振り返って言えることは，NTにおける白人の影響力は人口減少を見る限り皆無ではない。しかし，アボリジニの人々に対する白人の影響力が他の地域に比較して非常に弱かった，という点は先行研究共通の見解であり，NTの歴史を理解する上で留意すべき点である。

2　底辺に組み込まれるアボリジニ ―NT中期―

　松山は「NTの連邦への移管にさきだって，南オーストラリア州議会は，Northern Territory Aboriginals Act 1910 を制定する[391]。」としている。そしてNorthern Territory Aboriginal Act 1910制定の約1年後にAboriginal Ordinance Act 1911が制定される[392]。これをきっかけに，1863年の入植以降を通じて不在だったNTのアボリジニ政策に変化の兆しが見られるよ

---

[389] Ibid, p. 199.
[390] Ibid, p. 199.
[391] 松山（1994）68頁。
[392] Rowley (1986) p. 219. なおRowley (1986) は Aborigines Act 1911 と The northern Territory Aboriginal Act 1910 を比較し「The Northern Territory Aboriginal Act 1910 より労働条件に関する規制を提供しているが，近代の植民地の基準から言うと十分とは言い難い。雇い主は許可を所持しなければならず，その許可はその地域の保護官によって発行されるが，NTの保護官長にも報告される必要がある。（中略）使用人の6ヶ月間の帰宅と保護官への賃金の支払い（保護官が許可の取り消しを保護官長に推薦できたため）が雇い主にとっては厄介だった。これらの条文は，Aborigines Act 1911 には含まれなかった。」と評している。また松山（1994, 71頁）に「連邦政府は1911年にノーザンテリトリーを所轄すると，翌12年1月にAboriginal Ordinance 1911を制定する。これはさきにSA政府が制定したNorthern Territory Aboriginal Act 1910をそのまま継承したもので，アボリジニの規定，チーフ・プロテクターの権限その他，ほとんど変わることがなかったとされている。」という記述がある。

うになる。Rowley は「Aborigines Act 1911 でアボリジニ省（Aborigines Department）が作られ，保護官長に大きな権限が与えられた。（中略）アボリジニとハーフ・ケーストに分類された人々[393]をリザーブへ隔離する権限も含まれている[394]。」と説明している。この点だけを見ても前項で挙げた Reid の「しかし，サウスオーストラリア政府管轄下の NT ではこのような強制移住は存在しなかった[395]。」という状況と比較して NT のアボリジニ政策が変化していることがわかる。より具体的に細かな規定がさらに Rowley で説明されている。「牧畜家は保護官もしくは警察官が使用人に面接することを許可しなくてはならない。使用人のアボリジニが死亡した場合，保護官に報告しなければならず，保護官に未払いの賃金を支払い，死亡者の所有物も同様に保護官にゆだねなければならない。他の雇用主から労働力を引き抜いてくることは禁じられている興味深い規定は女性の牧童を雇用することについての言及である。アボリジニ，もしくはハーフ・ケーストの女性が男性の服装で白人男性と連れ立っていた場合，両者共に有罪であるとする。このような条文はアボリジニ社会に対する需要（労働力と性的サービス）を示唆する[396]。」と記述されている。

　松山は Aboriginal Ordinance 1911 の概要について「プロテクターは NT のすべての町からアボリジニおよびハーフ・カーストを排除しリザーブに収容する権限，ハーフ・カーストの子女を施設に収容し英語による教育を施す権限，18 歳未満のアボリジニおよびハーフ・カーストの法的な後見人となり彼らの財産を管理する権限などをもった[397]。」としており，これは前述の Rowley の説明と加えて見るべき点であるといえる。NT の社会の変容をより生活に近いレベルで取り上げている先行研究として Broome と McGrath

---

[393] McGrath (1995) p. 279. "The justification for such a policy was that as the Northern Territory became more populated, those people with and Aboriginal and White parent, colloquially known as 'half-castes', would decline in proportion to the rest of community." つまり「ハーフ・ケースト」とは混血のアボリジニを意味する。

[394] Rowley (1986) p. 218.

[395] Reid (1990) p. 199.

[396] Rowley (1986) p. 218-219.

[397] 松山 (1994) 71 頁。

を見てみよう。Broomeは「ダーウィンは典型的な植民地の町で，社会的にも，住空間的にも人種的順列に沿っていた。白人，植民地の支配層が官僚で雇用主であり，緑豊かなミリーポイントの良質な家に住んでいた。中国人たちは掘っ立て小屋に住み，社会の最下層に位置するアボリジニたちはカリン地区の小屋か，フランシス港のマングローブの茂みに住んでいた[398]。」と，あからさまな人種階級に則って構築された当時の社会情勢を描いている。人種階級が見られたのはダーウィンの街の中だけではない。McGrathは牧畜業に従事する人びとの様子を「典型的な大牧場はマネージャーと，牧童頭，会計係を含む6人ほどの白人を雇う。ストック・キャンプの指揮を取る1人か2人のパート・アボリジニ，そして20人以上の"リンガー"の役割をするアボリジニたち[399]。」とここでも階層的な社会構成が描かれている。

Broomeは「政府はアボリジニの女性たちの道徳が，危険に晒されているとしたものの，基本的にヨーロッパ人たちの不安を和らげるためにアボリジニたちは締め出されていた[400]。」と指摘しており，同様の内容でMcGrathは「Aboroginal Ordinance 1911 の下，ダーウィン，アリススプリング等の街のアボリジニは雇用主と住むか，カリン地区に住まなければならなかった。アボリジニ保護官長スペンサーはアボリジニが日没から日の出の間に外出することを許さず，規則が破られた際には一晩の禁固刑を科した。アボリジニはダーウィンを許可なしに離れることも，立ち入ることも許されなかった[401]。」としている。「街の周りで家事労働者や肉体労働者として働くアボリジニは，需要や労働の熟達度によって1週間に5シリングから10シリングの収入を得ることが可能だった。これらの賃金はヨーロッパ人の賃金の8

---

[398] Broome (2001) p. 125.
[399] McGrath (1995) p. 273-274. "A typical large station might employ half a dozen White people, (including the manager, head stockman and book-keeper) one or two Aborigines of mixed descent who took superior roles such as stock-camp boss, and twenty or more Aboriginal 'ringers'."と記されていたので，"ringers"を"リンガー"とした。ちなみに"ringer"とは，家畜のための牧草を刈りこんだり，家畜を世話する人間を指す。(Concise Oxford dictionary から"ringer"で引いた。)
[400] Broome (2001) p. 127.
[401] McGrath (1995) p. 276.

分の1程度だった[402]。」このようにBroomeでは，アボリジニが労働力として安く買い叩かれている様子が指摘されている。McGrathも同様に「1928年にクィーンズランドのアボリジニ保護官，J. W. Bleakleyが連邦政府からNTのアボリジニの状況を報告するように依頼された。彼はアボリジニ労働者に支払われる賃金が僅かで支払い自体も時折でしかないこと，住居が法的規制に則ったように適切に供給されるような心配がごく僅かにしか為されていないことを観察している[403]。」と指摘している。法的な規制はほとんど守られておらず，BroomeもMcGrath同様「アボリジニを雇用するのに許可が必要で，法令は食料の配給や衣服，医療サービスや賃金などの取り決めなども広く規定していたが，しかしながらこれらの規定は多くの場合曖昧だった[404]。」と法令の実質が心もとない状況だったことを指摘している。

「第一にヨーロッパ人は"劣った"アボリジニは，どこをとってもヨーロッパ人と等しい賃金を得るに値しないので，低い賃金で雇っているのだと主張した[405]。」とBroomeが当時の世論について言及している。しかし，アボリジニの人々の労働条件には，より慎重な考察が必要だといえる。アボリジニの厳しい労働条件はReidの「NTにおける白人の継続的な滞在は，サウスオーストラリアが僅かに受け取る見返りのために政府が支払った大量の出費で維持されていた[406]。」という発言に原因を辿ることができる。サウスオーストラリア政府から連邦政府に所轄が移っても，NTへの入植は魅力が乏しいものであったことに変化はない。NTの厳しい環境の中で事業は採算が取れず，NTは利益を上げることができなかったのである。そこで，白人社会が取った次なる手は，アボリジニを労働力として買い叩くことで帳尻を合わせる，という方策である。その裏づけとしては，McGrathの「牧畜産業は南の市場と競って成功を見込むことができなかった。貧しい牧草地，牛を犯す病気，水不足と労働者の不足，そして外部との距離。政府の協力と援

402　Broome (2001) p. 127
403　McGrath (1995) p. 277.
404　Broome (2001) p. 128.
405　Ibid, p. 128.
406　Reid (1990) p. 196.

助なしには生き残りがほとんど不可能だった。アーネムランドの幾つかのステーションは20世紀初頭に完全に失敗した。一方多くの白人がアボリジニの不払い労働に頼ることによって生き延びた[407]」。という指摘を挙げることができる。Powell (1997) の「おびただしい数のアボリジニが闊歩する土地で，白人入植者は1人で，所有物すなわち牧場の運営をアボリジニの労働力なしに行なうことは不可能だった。だから白人入植者たちはアボリジニを支配するか，さもなくば自分が潰れてしまうと信じていた[408]。」という指摘がある。アボリジニを労働人口として支配することはNTの社会を成り立たせる上で必須だったが，圧倒的に多いアボリジニ人口は白人に脅威を感じさせていた。

　NTの中期においていえることは，アボリジニ政策やアボリジニ支配の体制が他の地域に遅れながらも，整えられてきたという点である。この時代のNTのアボリジニの立場を理解するにあたり留意点が幾つかある。第1に，McGrath[409]が指摘したように，NTの入植初期においては政府に肩代わりされてきたNTの維持費が，アボリジニの不払い労働によって捻出されるようになった点が挙げられる。そのため法的な規制もアボリジニの労働条件に関わるものが多く，アボリジニの安い，もしくは無料の労働なしにはNTの社会は成り立たなかった。第2に，このようなアボリジニに対する労働力としての強い需要が彼らを社会の中に組み込む促進力となっている点である。藤川は「19世紀前半の入植が囚人労働に依存したのに対し，北部オーストラリアの開発は有色人種の労働を利用することで進展したのである[410]。」と指摘している。特にNTのように白人とアボリジニの人口比がアボリジニの側

407　McGrath (1995) p. 274.
408　Powell (1996) p. 101. 同様にBroome (2001) p. 131 にも "The Europeans were gripped by a racist mythology which claimed that Aborigines were inferior and poor workers who needed to be firmly controlled. The mythology demanded that Europeans treat the Aborigines firmly but fairly, and take care that any kindness was not construed as weakness. Fear, the mythology warned, must never be shown, and white supremacy had to be upheld at all times." という指摘もされている。
409　McGrath (1995) p. 274.
410　藤川 (2004) 105頁。

に大きく傾いている社会では，アボリジニの労働力が欠かせなかった。よって入植初期の植民地で行なわれたようなアボリジニの駆逐という事態はNTでは発生しなかった。だが，その反面Broomeが描いた当時のダーウィンの情景[411]やMcGrathの大農場における労働者の人口構成[412]が指摘したように明確に人種階級によって階層化された社会が構成された。アボリジニの人々は，階層化された社会の中で底辺に組み込まれ，労働者として搾取される境遇にあったといえる。

3　アボリジニの抵抗 ―NT後期―

　Aboriginal Ordinance 1911は「（中略）53年のNorthern Territory Welfare Ordinance 1953-60の制定まで存続した[413]。」と松山が説明している。1911年から1953年の間，一貫して白人の支配に押さえつけられた結果，アボリジニたちは凋落していった。例えば，「相互関係の中でアボリジニたちは無力だった。そのような力関係はアボリジニたちが与えられていた食べ物に見ることができるだろう。ヨーロッパ人たちがバター，ジャム，果物，野菜，時折ビールなどを牛肉と共に楽しむ一方でアボリジニたちには，パンと牛肉，茶と砂糖，そして時折ジャガイモが与えられるだけであった。しかも，これらの配給は野営地ではより少なかった。アボリジニの食事は年々わずかに改善されたが，1946年のNTのアボリジニの食事は，他のオーストラリア人と比較して肉，パン，砂糖を多く消費するが，圧倒的に果物，野菜，牛乳，卵などの消費が少なかった[414]。」とBroomeで指摘されている。アボリジニの食糧事情が悪かったことは他の先行研究にも指摘されている。例えばMcGrathでは，「ブリンドゥドュ・ステーションではアボリジニたちは乾いたパンと一切れのヤギの肉を日に3度与えられるだけで生きていた。12人から16人のアボリジニたちが3リットルの茶を分け合っていた[415]。」とされ

411　Broome (2001) p. 125.
412　McGrath (1995) p. 273-274.
413　松山 (1994) 71-72頁。
414　Broome (2001) p. 133.
415　McGrath (1995) p. 278.

ている。アボリジニの人々の生活状態は，食糧事情に限らず全般的に悪かったことも指摘できる。Broome では「着替える服がなかったので，私たちはいつも汚かった。私たちは汚かったので，食べ物を与えるべきだと考えられていなかった。私たちの手は食器代わりで，私たちのコップはごみ山から拾ってきたブリキ缶だった。」[416]と貧しい生活風景が説明されており，さらに「1960 年代の観察者たちでさえ，アボリジニの人々が食器やテーブル，椅子などを雇用主から与えられていなかったことを指摘している[417]。」とこれらの状況が 1960 年代まで続いたことが指摘されている。Broome では「第二次世界大戦まで，アボリジニ牧童の約半分のみが賃金を受け取っていた。しかし，その賃金でさえヨーロッパ人たちが同じ仕事に対して得るものと比較すると，はるかに少ないものだった。政府は牧畜家たちに支払いを増やすように要求したが，牧畜産業にそんな余裕はなかった[418]。」とされている。つまり前項で論じた"NT の社会を維持するための費用がアボリジニの労働力を買い叩くことによって捻出される"という構図は第二次世界大戦以降まで継続されていたと言える。

　しかし実際には"労働力として買い叩く"という言葉は安易過ぎた表現で，むしろアボリジニは"隷属化させられていた"という表現のほうが現実に近いのではないかと考えられる。根拠としては「アボリジニの女性たちはおそらく最も深刻な虐待を白人たちによって被ったといえる。性的な強圧は常に支配と共に存在し，それを避けることは，北オーストラリアのように荒くれた白人男性たちが女性を伴わずにやってくる場所では不可能だった[419]。」という Broome の指摘や，McGrath の「常にアボリジニたちが尋ねる質問があった。それは"なぜ自分たちアボリジニは，子供を産まなければいけないのか？　その子供だって白人たちに使われるだけじゃないか？"という質問である[420]。」という指摘を挙げたい。特に McGrath の発言は，アボ

416　Broome (2001) p. 133.
417　Ibid, p. 133.
418　Ibid, p. 134.
419　Ibid, p. 137.
420　McGrath (1995) p. 278. "There was a question constantly implied and sometimes asked by

リジニの人々が自分自身を奴隷，もしくは牛馬のように感じていたことがよく表現されている。さらに本来はアボリジニの保護を職務とするアボリジニ・プロテクターや，警察に関しても問題が多く指摘されている。彼らは保護よりもむしろアボリジニに対して自らの力を見せつけるために，アボリジニを刑務所に入れることや攻撃することが多かったとされている[421]。Powellでは，白人たちが複数のアボリジニを殺したという証言が指摘されている。警察官がゴードン・クリーク警察署で働いていたアボリジニの少女2人に彼女たちの部族の男性たちを呼んでくるように命じ，連れてこられたアボリジニの人々を突発的に殺した事件について言及している[422]。Powellはこの事件に関して「このように警察が関与した殺人に証拠の不足はなく，彼らが殺人に関与していたこと自体にも驚きはない。最終的に警察は白人文明の最先端だったのだから[423]。」とし，アボリジニが置かれた不安定な社会情勢を示唆している。

　NTのアボリジニの状況を変えたきっかけは世界大戦に遡ることができる。「1942年2月15日，日本軍はシンガポールの英軍基地を蹂躙し，イギリス兵（約2万人）とオーストラリア兵（約1万5千人）を捕虜とした。その4日後には200機を超える日本軍機によってダーウィンが空襲され，8隻の船が沈められ，240人以上の人々が殺された。43年11月までダーウィンは64回もの空襲を受け，他の北部の町々も多くの空襲を受けた[424]。」と藤川はNTが激しい空襲に晒された様子を描いている。オーストラリアはこの攻撃に対して防御に出ている。「第二次世界大戦中，トレス諸島総人口3,000人のうち，800人がトレス海峡ディフェンス・フォースに従事しオーストラリアの防御に計り知れないほどの貢献を果たした[425]」とのFlood（2001）に

---

the Aborigines: 'Why should we breed more children for Kadia [Europeans] to use the way they use us?'" なお，特にMcGrath（1995）の一文には子どもを産む，という意味で"breed"と言う牛馬等家畜の繁殖などに使用される言葉が使用されていた点から見ても，アボリジニは隷属化させられていたという表現が正しいといえる。

421　Broome (2001) p. 137.
422　Powell (1996) p. 115.
423　Ibid, p. 115-116.
424　藤川（2004）175-176頁。

よる指摘や,「NT では 1,000 人のアボリジニが陸・空軍の一部である建設や自動車修理工場で働いた[426]。」と Broome の指摘がある。つまり NT が日本軍からの攻撃を受けたことで,それまで牧畜業に吸収されていたアボリジニの労働力が,国防のためにも動員されるようになったのである。軍事産業に従事したアボリジニたちの扱いを「日に 10 ペンスを支払われ扶養家族は軍からの配給を受けることができた。彼らの仕事は軍に褒められ,報道によれば通常の兵士とも良く調和したとされている[427]。」と Broome は説明しており,Flood も同様に「彼らは食事,家,服を支給され,現金で賃金が支払われた。それは彼らにとって初めて受け取った現金だった。通常の兵士とも折り合いがよく,見事に働いた。その他 1,000 人あまりの混血アボリジニの召集兵たちは従軍し,海外に遠征もした。その中の 1 人 Reg Saunders は後に将校にまでなった[428]。」とし,軍のアボリジニに対する扱いは破格だったことが分かる。

McGrath は「最も顕著な第二次世界対戦の影響は,純血のアボリジニ,混血のアボリジニをよりオーストラリアの本流であるヨーロッパ人に統合したことである[429]。」としている。当時を回想して,Tim Japangardi は「軍時代はよい待遇で扱ってもらっていた。誰もアボリジニを傷つけなかった。傷つけたりすれば憲兵や警察が捕まえに来た。間違った方法でアボリジニを取り扱わなかったし,本当に親切だったし,いつも楽しかった[430]。」としている。軍内でのアボリジニに対する扱いがよかったことは,様々な影響をもたらすことになる。「軍事産業が支払ったアボリジニに対する賃金は,牧畜産業の賃金へ影響を与えた[431]。」とし,それに続けて具体的に「軍事産業のアボリジニたちの働きぶりに対する肯定的な報告により,NT の政府によって検討された結果,1947 年 1 月に牧畜家たちと会議が開催された。会

425　Flood (2006) p. 167.
426　Broome (2001) p. 141.
427　Ibid, p. 141.
428　Flood (2006) p. 213.
429　McGrath (1995) p. 281.
430　Ibid, p. 282.
431　Broome (2001) p. 141.

議で週12 1/2シリングから20シリングの間に賃金を上げることが推奨された[432]。」とBroomeは指摘している。FloodもBroome同様の指摘をしており，「第二次世界大戦後，牧畜産業に従事するアボリジニ労働者の賃上げに注目が高まり，1947年NTの賃金は週20シリングに上げられた。それは大きな上げ幅だがそれでもまだ白人労働者の賃金よりも低かった[433]。」としている。同じ時期ウェスターンオーストラリアでアボリジニによるストライキが賃金をめぐって開始され，その詳細はBroome[434]にもFloodにも取り上げられている。Floodは「1945年に牧童たちが仕事のためにピルバラに集まった。彼らは地元生まれの鉱物の試掘者で，アボリジニの擁護者でもあった白人，Don McLeodを招いてどうすればアボリジニの賃金と生活状況が改善され，伝統的な生活が保護されるのか，ということを話し合った。デ・グレイ・ステーションの30人の牧童が食糧事情の改善のためにその前年度に行なったようにストライキをすることをMcLeodが提案した。アボリジニたちは，同意に至るまで長い話し合いを続けた。6週間後ストライキが計画され委員たちは全てのローカル・アボリジニ・コミュニティに報告するために送られた[435]。」という経緯でストライキの開始を説明している。「警察，牧畜家，政府の職員たちの嫌がらせがあったにも関わらず，この運動は1949年まで続けられ，彼らの元々の要求の2倍の額だった週3ポンドの賃上げ要求が通された[436]。」等を達成した。「アボリジニ雇用の最悪な虐待はピルバラで終わった。しかしそれでもまだ白人と同等の賃金の支払いはなかった[437]。」とされている。なお，ウェスターンオーストラリアで開始されたストライキではあるが，このストライキをきっかけとしてアボリジニ労働条件の問題をFederal Council for Advancement of Aborigines and Torres Strait Islanders (FCAATSI) が引き継いで取り扱うことになり，オーストラリア全土にア

432　Ibid, p. 141.
433　Flood (2006) p. 214.
434　Broome (2001) ではFlood (2006) とほぼ同じ内容の説明がp. 141-143. にされている。
435　Flood (2006) p. 214.
436　Ibid, p. 214.
437　Ibid, p. 215.

ボリジニの労働条件の変化が起こったと言える[438]。

　NT の後期において言えることは，大まかに3点ある。第1点目には，1911年以降から続いてきた隷属的労働がかなり深刻であったことが挙げられる。NT の中期で論じたような，NT の社会を維持するための費用がアボリジニ労働者を買い叩くことによって捻出される，という仕組みは NT の後期でも維持されたということである。第2点目には，世界大戦に伴ってそれまで牧畜業に吸収されていたアボリジニ労働者が軍事産業にも参入した，ということである。軍事産業がアボリジニ労働者を非アボリジニ労働者同様に扱ったことが後にアボリジニの意識を変容させ，自らの権利を主張するきっかけとなっていったと考えられる。第3点目には隷属的な生活条件の改善に向けて，アボリジニが蜂起を開始したということである。確かにウェスターンオーストラリアのストライキはアボリジニに白人同等の賃金をもたらさなかったが，「アボリジニ雇用の最悪な虐待はピルバラで終わった[439]。」という転換は大きい。

4　アボリジニの覇権 ―NT その後―

　前項で社会的な運動を繰り広げ，同等の権利を勝ち取るためにアボリジニが行動し始めたことについてはすでに述べた。だが，21世紀現在ですらもアボリジニの生活環境が改善されたとは言いがたい状況が続いている。例えば 2005-2007 年アボリジニ男性の平均寿命は 67.2 歳，女性は 72.9 歳だった。これは非アボリジニ人口の男性平均寿命 78.7 歳，女性 82.6 歳と比較するとそれぞれ男性 11.5 年，女性 9.7 年と 10 年近くも差が出ている[440]。他にも乳幼児死亡率は 2008-2010 年の間で，非アボリジニ人口が 3.97 だったのに比較して，アボリジニ人口では 11.4 だったことを比較すると，その差はほぼ3倍と高い[441]。つまりオーストラリア国内には，アボリジニと非アボリ

438　Ibid, p. 215.
439　Ibid, p. 215.
440　"Australian Social Trends, March 2011" のうち "LIFE EXPECTANCY TRENDS—AUSTRALIA" 2011 年 12 月 31 日
　　　http://abs.gov.au/AUSSTATS/abs@.nsf/Lookup/4102.0Main+Features10Mar+2011

ジニのダブルスタンダードが存在しており，アボリジニは先進国オーストラリアの中で，発展途上国並の生活境遇に置かれていることが藤川にも指摘されている[442]。

すでに取り上げたように「白人人口が増加しなかったためアボリジニの伝統的生活に対する影響は少なかった[443]。」と McGrath が指摘したように，NT は他の地域に比較してアボリジニ文化が維持された地域ではある。しかしその NT といえども，アボリジニ文化が無傷で維持されたわけではない。「アボリジニの人々が文化的変化を望んだわけではないにも関わらず，文化的変化は不可避だった。例えばヨーロッパ式の食べ物，特に小麦に頼ることは，女性を骨の折れる食事の準備から解放し，男性にとって多くの妻を娶ることの意義を喪失させた。そのため牧場では一夫多妻制が減少しそれに伴って年長の男性の権威も減退した。アボリジニが白人たちの労働に加わることで，伝統的な活動にさかれる時間が減少した。ブッシュ・スキルは大人たちの間で低下し，子どもたちには学ばれなくなった。儀式は稀にしか行なわれなくなり，担い手たちの踊りや歌のスキルも失われた。多くのアボリジニ文化が残ったが，幾つかの宗教的な儀式や祖先の物語は弱体化したり，失われた[444]。」と Broome が指摘している。この Broome の指摘どおり，アボリジニたちがブッシュ・スキル等を失っているのであるとすれば，それ自体で NT の文化的変容は加速されるだろう。なぜならばブッシュ・スキルを失えば，伝統的な方法で狩りを行い食料を採集することは困難になり，白人たちが与える食物に依存する必要が出てくる。依存が高まれば，白人社会の労働に従事し，白人社会から食べ物を獲得するために時間が費やされる。反比例でアボリジニ文化が継承される時間は減少するだろう。文化の継承が断絶されることによって，文化の継承がさらに危機に晒されるという悪循環の発生

---

441 "Deaths, Australia, 2010" の "INFANT MORTALITY RATE" 2011 年 12 月 31 日 http://www.abs.gov.au/ausstats/abs@.nsf/Products/F6194544536522C3CA257943000CF038?opendocument 非アボリジニ人口の 3.97％と言う数字は，2008-2010 年の各州の Person の数字から平均を算出している。なお，この場合の乳児死亡率は 1,000 人毎の数値である。
442 藤川 (2004) 219 頁。
443 McGrath (1995) p. 271.
444 Broome (2001) p. 141.

が推測される。

　もう1つ別の問題としてアボリジニは同等の賃金なり，土地の返還なりを目標に社会的運動を行なってきた。だが，彼らが目指した目標が達成されても問題が解決されないという現実も考えなければならない。実際はもっと複雑な現状があり，詳細を見ていく必要がある。例えば前項で取り上げた同等の賃金を求める社会運動は思わぬ展開を見せている。「NT のアボリジニの一例が試験的な例として North Australia Workers Union (NAWU) に 1965 年に取り上げられた。連邦調停委員会が牧場を訪れ，牧畜家たちにアボリジニの同等賃金が引き起こす問題についてどう考えるかを聞き取り調査した。牧畜家たちはアボリジニに同等賃金を支払うことや彼らの扶養家族を養うことは莫大な費用になりすぎて逆にアボリジニの職を奪うことになる，との考えを明らかにした。実際大きな範囲でアボリジニの失業が起こった。しかしながら，委員会は別の手立てはなかったとして"産業に関する法律は1つだけであるべきだ。全てのオーストラリア人にその法が同様に適用されるならば，アボリジニに対してもそれが適用されるべきか，否かだ[445]"と説明されている。Flood が示した例のように，同等の賃金を求めた結果職を失うアボリジニが増加するなど，解放のための社会運動によってもたらされた結果がアンビバレントであることが分かる。

　「1970 年代で最も特徴的なのは Aboriginal Land Right (NT) Act が Whitlam 政権によって基礎を定められ，Fraser 首相によって導入されたことである。Aboriginal Land Right (NT) Act は the Northern と Central Aboriginal Land councils によって作られ，アボリジニのリザーブや空いた土地に対する伝統的な繋がりが提示され，主張される仕組みも作られた。レンジャー・ウラニウム地域の傍であるオペンペリなどを含む主な例外はあるものの，Aboriginal Land Right (NT) Act は南オーストラリアの法律を除いてどの州よりも進んだものだった。鉱業の印税がアボリジニの伝統的所有者に支払われ，連邦政府と NT の半自治州議会（1978 年に Fraser 政権

445　Flood (2006) p. 215.

によって設立）が土地所有権が移転するのを防いだ。1981年までにNT全土の30％もの土地がLand Right Actの元に管理されることになった[446]。」とMcGrathは土地権が回復されていく様子を説明している。松山は「その4年後，NTの28％がアボリジナル・ランドとなる。こうしてAboriginal Land Rights（NT）Actの制定は，アボリジニの土地にかかわる習慣が連邦の法体系の中に，明確に位置づけられたことを意味したのである[447]。」と法律制定の意義について論じている。同等賃金の導入と同様，土地権回復に関しても，喜ばしいことばかりではなく，一方で問題が発生している。「1970年代から1980年代にかけてアリススプリング周辺にアボリジニの野営が増加したことが問題を引き起こした。白人たちは当局者に，新しい居住地を開き，より多くの警察官による保護と野営地の人びとを合法的に退去させるように嘆願書を出した。1977年に野営が観光客にとって不快なため，住民を退去するように警告し，キャンプに火をつけ，残りをトラックで破壊したとの事件がマタランカの警察官によって申し立てられた[448]。」とMcGrathで白人とアボリジニの摩擦が指摘されている。

「その他諸州でも，上記の連邦法から後退するものではあったが，土地の返還や信託管理が法制化されて，先住民共同体による部分的自治が認められてきた[449]。」と鎌田（2003）が指摘しているように，近年のアボリジニ政策の中心理念である「自主決定（self-determination）」に基づいてアボリジニの自治は推奨されてきた[450]。だが，ここでも前述までのケースと同様にアンビバレントな結果が発生しているといえる。2007年度オーストラリアの新聞紙面を占拠したのは，アボリジニ・コミュニティ内の深刻な問題の数々である。その皮切りは2007年6月に発表された，NTの複数のアボリジニ・コミュニティ内部で行なわれていた児童の性的虐待を報告する"Little Children are Sacred"という報告書だった。この報告書ではNTのアボリジ

---

446 McGrath (1995) p. 293. 同様にBroome (2001) p. 189-200.
447 松山（1994）76頁。
448 McGrath (1995) p. 296.
449 鎌田（2003）82頁。
450 前掲書，82頁。

ニ・コミュニティ内部での暴力，麻薬，ポルノグラフィ，性的虐待がアルコールの助力によって横行していることが問題の根源として指摘されている。具体的な例としては，12 歳から 15 歳のアボリジニ少女たちと非アボリジニ鉱山労働者の売春が蔓延していること等が挙げられている[451]。性的サービスと引き換えに少女たちに与えられるのはアルコールであり，アルコールが"物々交換の道具（bartering tool）"として使用されていると報告書は指摘している。[452] なお，報告書についてオーストラリア国内全土で多くの報道がなされた。NT のコミュニティ内部の深刻な状況が発表された後，当時のHoward 政権は"国家の緊急事態"としてこの問題に対処することを表明し，以下主に 7 つの方針を提示した。

- 生活保護のために支給されていた金銭をアルコールに使用できないように制止する。なお，この福祉で支給されていた金銭は子どもの学校出席率と関連させられる。
- 問題とされている NT のアボリジニ・コミュニティでのアルコール販売を 6 ヶ月間禁止する。
- ポルノグラフィの所持や販売を禁止する。
- 16 歳以下のアボリジニの子どもたちに性的虐待の有無確認のため，健康診断を受けさせる。健康診断の受診は自発的なものとするが，衛生省大臣 Tony Abbott は子どもが健康診断を受診しないことで生活保護のために支給されている金銭が減額されることを示唆している[453]。11,000 の子どもたちが 2007 年の終わりまでに健康診断を受診する予定であった。
- 事件発覚以前は非アボリジニがアボリジニの土地に立ち入るには許可が必要だったが，Howard 政権はこのシステムが虐待を隠蔽するとし

---

[451] "Report of the Northern Territory Board of Inquiry into the Protection of Aboriginal Children from Sexual Abuse" (2007) p. 64.
[452] Ibid, p. 162.
[453] "Government softens stance on child health checks" 2007 年 7 月 6 日
http://www.theage.com.au/news/national/government-softens-stance-on-child-health-checks/2007/07/05/1183351376131.html

て，許可を必要とするシステムを撤廃する必要性を提案した。
- 64以上のアボリジニ・コミュニティから補填の見返りとして，5年間の借用を政府が得ることを可能にする法律を提案する。
- コミュニティ内の性的虐待を調査するために警察官が連邦政府と州から派遣される。

だが，実際には警察のみならず軍隊が派遣されるなど，問題に対する対応は異例の事態を続出させた。そのため政府の対応に対して，批判が多く提起された。第1に問題となった報告書"the Little Children are Sacred"には，問題の解決に向けて97の推薦が提起されていた。しかし，政府の提案はこれらの推薦と異なっており，推薦が受け入れられていないことに疑問を呈する声がある[454]。またANTaRの代表であるGary Highlandは，NTのコミュニティ内の問題には非アボリジニが関与しているにも関わらず，Howard政権はそれを無視していると批判した[455]。さらに全国紙Australiaが2007月6月25日に，NTのリーダーたちが政府の軍投入に対して抗議していることを掲載した[456]。ウェスターンオーストラリア首長Alan CarpenterはHoward政権が突然問題に興味を示し始めたことについて「確実にNTの状況が国家問題であることは疑いがない。しかし，もしHowardがこれを緊急事態だというのならば1つ聞きたいことがある。それではなぜHowardは過去11年間この問題に対処しなかったのか？[457]。」と辛辣に批判した。首相再選を賭けた選挙が2007年11月24日に控えていた。そのためHoward政権の急な対処は，選挙戦に向けたイメージアップのためでしかない，との見解が提起された[458]。しかし，アボリジニが自治を認められたこと

---

[454] "Plan faces NT legal challenge" 2007年7月10日
http://www.theage.com.au/news/national/plan-faces-nt-legal-challenge/2007/07/09/1183833431731.html

[455] "Government's misguided approach will add to trauma of children" 2007年6月21日
http://www.antar.org.au/node/262

[456] "NT town's leaders say no need for army" ("The Australia" 2007年6月25日)

[457] "Fed Govt plans radical overhaul of Aboriginal townships" ABC放送で2007/06/21に放送された。http://www.abc.net.au/7.30/content/2007/s1958592.htm

[458] "Plan not racist or politically motivated: Howard" ABC放送で2007/06/25に放送された。http://www.abc.net.au/7.30/content/2007/s1961744.htm

で発生した外部からの隔絶が，暴力や性的虐待といった問題の温床となったことは，他のケース同様新たに獲得された権利がアンビバレントな結果に終わった一例として挙げることができる。さらにこの一件でアボリジニの土地に許可なしに立ち入ることを許さないという権利が減退させられ，同時にアボリジニ政策のための予算が減額される[459]など連鎖的に問題が発生している。これら一連の事柄を見ていくと，権利獲得によってアボリジニの現状が改善され，問題が解決される，と考えるのは安易で誤った現状認識だと言わざるを得ない。1つの権利獲得の背後に，アンビバレントな結果が発生し，現状が複雑になる，というのがより現実に即した理解であると再度繰り返しておきたい。

近年アボリジニにまつわる大きな変化としては2008年2月13日，Rudd首相のStolen Generationに対する謝罪が挙げられる[460]。これは歴史上初めてオーストラリア政府がアボリジニ政策の非を認めたことになり，画期的なことといえる。しかしこの謝罪は，Stolen Generationについてのみで，白人入植者の略奪や暴力，長期に渡って行われてきた差別などへの謝罪は含まれていない。アボリジニの人々の過去の被害や現状について適切な対応が取られているように見えない点が多々ある。そのため2009年現在においても，アボリジニの前途はNTのみに限らず多難であると言える。

第3節　アボリジニ —タスマニア—

1　協調的コミュニティの発生 —タスマニア初期—

繰り返しになるがタスマニアを辞書で引くと「オーストラリア大陸の南東方にある島。オーストラリアの一州。1642年オランダ人タスマンが発見。先住のタスマン人は1876年絶滅。銅・亜鉛など地下資源に富む。州都ホバート[461]。」とされている。タスマニア本島の面積は約64,400km^2 [462]である

459　"Aboriginal funding lost to NT: Iemma"（"The Australia" 2007年11月6日）
460　"Rudd offers historic apology"（"The Australia" 2007年2月13日）
461　大辞林　第三版（項目「タスマニア」で引いた。）1546頁。

が，タスマニア州には，本島以外にキング島，フリンダーズ島などの島々が含まれる[463]。タスマニアの総人口は2005年時点で498,200人[464]であり，そのほとんどは北海岸と南東沿岸に集中している[465]。タスマニアおよびホバートは，強い風が吹くと年間を通じて冬のような気候になるが，四季の違いがはっきりしている[466]。夏の最高平均気温は16℃程度で夏でも涼しく[467]，冬は最低平均気温が0℃，最高平均気温でも4℃程度とかなり低い[468]。タスマニアは温暖なオーストラリアにおいて最も寒い地域と言えるだろう。1年の大部分は，広い海から西岸に激しく波がうちつけられ，降雨量も多くなっている[469]。宮下（1972）が論じた Effective rainfall[470] で見てみよう。タスマニアは有効降雨（Effective rainfall）のある月が9カ月以上とオーストラリア国内で最も雨量に恵まれた土地に該当している。寒さは厳しいものの，多くの土地を不毛な砂漠に占められているNTと比べるとタスマニアの自然は非常に緑が多く豊かであると言える。

　タスマニアはオーストラリアの本土から独立した島である。「縮れた髪と，小さな体格，そして黒い肌はタスマニア・アボリジニに共通のものであった。DNAの分析結果から彼らが本土のアボリジニと関連していることが分かっている。違いは14,000年間の隔絶の後に突然変異が原因で発生したものである[471]。」や「最も際立った違いはタスマニア・アボリジニがディンゴ[472]を持っていなかったことである。なぜならばディンゴはバス・スト

462　世界大百科事典（1988）（項目「タスマニア」で引いた。）277頁。
463　前掲書（項目「タスマニア」で引いた。）277頁。
464　Australian Bureau of Statistics (2005) "3101.0—Australian Demographic Statistics, Jun 2008"
　　 http://www.abs.gov.au/ausstats/abs@.nsf/mf/3101.0/
465　http://studyinaustralia.gov.au/Sia/ja/LivingInAustralia/TAS.htm
466　http://studyinaustralia.gov.au/Sia/ja/LivingInAustralia/TAS.htm
467　http://weather.jp.msn.com/local.aspx?wealocations=wc:8396241
468　http://weather.jp.msn.com/local.aspx?wealocations=wc:8396241
469　http://studyinaustralia.gov.au/Sia/ja/LivingInAustralia/TAS.htm
470　宮下（1972a）25頁。
471　Flood (2006) p. 63.
472　イヌ科の哺乳類。オーストラリアに産する唯一の食肉目の獣。肩高60センチメートルほど。耳は立ち，短毛で黄褐色ないし赤褐色。カンガルー・ウサギなどを捕食。何千年以上も前に移住民の家畜犬が野生化したものといわれる。（「大辞林　第三版」，項目「ディンゴ」で引いた。）

レイト海峡が形成された氷河期の後期，タスマニアが全く外界と隔離されてしまった後に本土にやってきたからだ[473]。」とFlood（2006）は指摘している。つまりオーストラリア本土のアボリジニとタスマニアのアボリジニは約10,000年-14,000年前から分かれて生活し，両者の間に交流はなかったことになる[474]。

　Roth（1899）が「原始的な種族であるタスマニア・アボリジニの絶滅は，人類学が被った最も大きな損失のうちの1つである。オーストラリア国内でアボリジニの学術的研究は増加しているが，タスマニアのケースについては不幸なことに喪失した[475]。」としている。確かに多くの部分でタスマニア・アボリジニに関する情報は失われてしまっている。しかし，タスマニア・アボリジニの特異性は先行研究によって垣間見ることができる。本論に関連する部分のみを以下に抜粋する。タスマニアの内部には，9つの異なる部族[476]が存在し，それぞれの部族の中に5から15のバンドと呼ばれる9人程度から成り立つ集団を内包していたとRyan（1996）は説明している[477]。タスマニアのアボリジニに関して特長的な点として，彼らが所持していた道具の少なさがある。「他の地域のアボリジニが30近くの道具を持つ中，タスマニアのアボリジニは小さいが十分に機能的な12の道具を持っていた[478]。」とBroomeは指摘している[479]。本土のアボリジニは一夫多妻制だが，

473　Flood (2006) p. 63.
474　既に絶滅してしまったタスマニア・タイガーをはじめ，タスマニア・デビル，小型の有袋類等タスマニアのみに生息している動物たちが多数存在する。これらはオーストラリア本土とタスマニアの隔絶を示す存在であると言える。
475　Roth (1968) p. 228.
476　Ryan (1996) p. 14-15. 参照。具体的にはNorth East, Oyster Bay, Ben Lomond, North Midlands, North, Big River, South East, South West, North Westの9つが部族名として知られている。
477　Ryan (1996) p. 14.
478　Broome (2001) p. 15.
479　Ryan（1996）もタスマニア・先住民の文化が本土と比較して単純・簡素なことを同様に指摘している。「1つの結論としては，本土から1万年隔離されていたことが，本来本土の文化と似通っていたタスマニア・アボリジニの物質的な文化や生活スタイルをより単純に貧弱にさせ，その結果"ゆっくりとした精神の絞殺（つまりタスマニア・アボリジニが環境に適応する力を失い自らを死に追いやっていった。）"に導いたと言う考え方である。（彼らが鱗のある魚を4000年前に食料から除外していることなどがこの視点の裏づけとして挙げられる。）そのため

タスマニア・アボリジニは一夫一妻制であった[480]。「最も初期にタスマニアにやってきた周期的な訪問者たちは1800年頃にやってきたアザラシ猟の猟師たちだった。最初に船はアメリカ，英国，シドニーにできるだけ多くのアザラシの毛皮を持って行き，11月から5月の間に10人から15人の男たちがアザラシを捕まえる，というサイクルで猟を行なっていた。彼らはアボリジニと平和で協力的な関係を望んでおり，女性の連れ合いを得ることに熱心だった[481]。」とMcGrath（1995）は最初の訪問者たちを描写している。同様にRyanは「アザラシ猟師たちのうち幾人かは囚人，もしくは刑期を終えた元囚人であったが，ほとんどの者が辺境の地と権力からの解放に魅せられた船乗りたちであった[482]。」と述べている。「アボリジニは新たな訪問者に対して警戒したものの，最終的にはカンガルーやアザラシの毛皮とタバコ，小麦，茶を交換する取引を始めた。後にアボリジニ女性たちが性的なサービス

ヨーロッパ人たちが侵略したときにはタスマニア・アボリジニは文化の衰退のため緊要の状態にあったとされる。また別の結論としては，本土から隔離されている間にタスマニア・アボリジニたちは環境に適応していた。その適応が彼らの文化を独特なものにしただけであって，彼らがヨーロッパ人たちの侵略を受けた時点は発達中途段階にあった。なお，この視点の裏づけとして近年2000年以内に北西，南西，南東におけるボートの発達が挙げられている。」（Ryan (1996) p. 9.）このようにタスマニア・アボリジニの文化の特異性が，彼らが"絶滅"した説明として，その真偽に関わらず利用されてきたことは留意したい。（注：しかし鱗のある魚を食べなかったと言う点は近年の研究で否定されている。タスマニア・アボリジニも魚を食べていたことが明らかにされている。McFarlane (2008) p. 13-16. アボリジニが魚を捕獲する罠の痕跡について述べられている。）

480 Flood (2006) p. 67. "Tasmanian men were monogamous." だが2つだけ例外としてFlood (2006)は "Only two exceptions are known, both special cases. One man had two wives because when his first wife became dangerously ill she was left behind to die. Her husband married again but she recovered, so 'he continued them both'. The second was a "chieftain, too old to fight", who needed the care of two women. The two wives 'agreed together admirably well' and both outlived their husband. One later became lame, so she lived by a river and 'subsisted on kelp and herbs'." と詳細を記述している。Broome (2001) p. 141. が「アボリジニの人々が文化的変化を望んだわけではないにも関わらず，文化的変化は不可避だった。例えばヨーロッパ式の食べ物，特に小麦に頼ることは，女性を骨の折れる食事の準備から解放し，男性にとって多くの妻を娶ることの意義を喪失させた。そのため牧場では一夫多妻制が減少しそれに伴って年長の男性の権威も減退した。」と指摘していたことは取り上げた。タスマニアと異なりNTでは大概の部族が一夫多妻制をとっていたとされる。

481 McGrath (1995) p. 312.

482 Ryan (1996) p. 67.

を供給する見返りとして,猟犬や小麦,他の贈り物の交換が行なわれた。このような新しい結婚の形式が伝統的な結婚の形式に平行して行なわれ,相互の利益を満たした。アザラシ猟の猟師は,大きな土地や永久的に滞在する土地を求めなかったのでアボリジニと協働的な関係を築く余地があった[483]。」とMcGrath(1995)では白人とタスマニア・アボリジニの交流が論じられている。McGrathの指摘から見るに,タスマニア初期の白人との接触は穏やかなもので,敵対関係ではなかったことが分かる。

しかしアボリジニ女性を媒介にした取引に需要があったことが問題の種となり,アボリジニの社会で変化を引き起こしている。McFarlane(2008)は,取引の媒体になった女性についてより詳細を明らかにしている。「先行研究の間で,アボリジニが"交換の手段"として彼らが妻を利用したという仮説が広まっている。もしこの取引の手段が彼ら自身の絶滅に関与したのだとすれば,この仮説の根拠を厳密に調べてみることは重要である。もしアボリジニが彼らの妻を取引の媒体として取り扱ったのだとすれば,彼らの文化的な常識や伝統から照らし合わせて奇妙である。アボリジニには正式な結婚の儀式等を行なう習慣がなかったが,一旦関係が成立すればその婚姻関係は夫が妻と離縁し,別の伴侶を求めることに合意しなければ解消されなかった。通常は伴侶との死別が主な理由で,以前の婚姻関係によって設けられた子どもたちに対する責任は新しい結婚と新しい伴侶に継承される。姦通は稀で厳しく罰される[484]。」とし,McFarlaneは取引の対象が妻であるとする先行研究の見解をアボリジニ社会の規範を持ち出すことで否定している。McFarlaneは一夫一妻制という言葉こそ使用していないが,MacFarlaneの主張にFloodのタスマニア・アボリジニは一夫一妻制だったという主張を含めて考える必要があるだろう。「(中略)アボリジニの男たちはアザラシ猟師たちとの取引のために近隣のアボリジニグループから女性たちを誘拐した[485]。」というMcGrathの主張同様,McFarlaneも女性たちが誘

483　McGrath (1995) p. 312.
484　MacFarlane (2008) p. 54-55.
485　McGrath (1995) p. 312-313.

拐されて来たことを証言している点を日記などから挙げている。アザラシ猟師が Mannalargenna[486] に Mannalargenna の部族の女性を売るように要求した際に，Mannalargenna が拒否した様子を取り上げている。「アザラシ猟師の Biggs とアボリジニの部族長の Mannalargenna が別のグループから女性を誘拐することについて話し合っていたのは明らかで，Mannalargenna がアザラシ猟師たちに行なった奉仕の代わりに，軍事的なサポートを得るなどの見返りを得ていたことにも疑いがない。しかし，アボリジニの一部族の族長として自分の部族の女性を取引のために売るように要求されることは受け入れがたいことだった[487]。」と女性の取引に関する当時のアボリジニの行動様式と心理を McFarlane は明らかにしている。

アボリジニ女性に対する需要が高まったことで「時折女性たちは部族の罰則から逃れるためにアザラシ猟の猟師たちと留まることを好んだ。同時に彼女たちは政府の代理人によって連れ戻されることも避けていた[488]。」や「アボリジニ女性を取引した結果アボリジニの男性たちは伴侶を見つけるのが難しくなり，女性たちに頼っていた食事などの面でも深刻な困難に直面することになった[489]。」と指摘されている。McGrath は「このように地元経済とアボリジニグループ間の関係はアザラシ猟師から利益を得るために変容した可能性があると言える[490]。」とアボリジニ社会の変化を論証した。

タスマニアにおける初期のアボリジニと白人たちの接触について言えるこ

---

486 Mannalargenna（d1835）タスマニア・アボリジニ Ben Lomond の部族長。ヨーロッパ人たちの移住によってアボリジニの土地が奪われた際，Mannalargenna は地理的な知識を利用して抵抗したとされる。1830 年に，Robinson の Friendly Mission に有志として参加し，Robinson がアボリジニの人々を降服するように説得するのを手伝う立場にいた。しかし実際は，Robinson がアボリジニの人々の居住地区に行きつかないように誘導したり，Robinson が助けを必要とする際に狩りに出て行ってしまうなど消極的に妨害策に出ていたとされる。Robinson の手助けをする引き換えに，Mannalargenna 自身は Flinders Island・Wybalenna への強制送還を免れることになっていた。しかし，約束は守られず，1835 年 12 月 4 日に Wybalenna で死亡している。(http://www.utas.edu.au/library/companion_to_tasmanian_history/M/Mannalargenna.htm，2009 年 10 月 1 日閲覧。)
487 MacFarlane (2008) p. 59.
488 McGrath (1995) p. 313.
489 Ibid, p. 313-314.
490 Ibid, p. 313.

とは「両者の関係は決して敵対的なものではなかった」ということである。むしろ"取引が成立していた"ということを考えれば彼らの関係は略奪や搾取などとは異なり対等ですらあったというべきかも知れない。無論，女性と犬や小麦の交換が取引として成立するのは現在の価値観からいうと有り得ないことではある。しかし，その当時の人びとの間で等価としての認識があったとすればそれは不当な取引でも不利益な取引でもないと言える。ただ，いかに白人とタスマニア・アボリジニの関係が敵対的なものでなかったとしても白人との取引の中でアボリジニ女性に対する需要が高まり，それに対してアボリジニたちが他のグループから誘拐することで女性を調達したことは問題を発生させたに間違いがない。タスマニアのアボリジニ社会の中で深刻な女性不足とアボリジニのグループ間で女性を奪い合う争い，新たに白人を介した経済が出現することでの変化が発生したことは留意すべき点である。

2　敵対関係の開始―タスマニア中期―

「ボタニー湾に到着した最初の船団に750人ほどの囚人が乗っていた。彼らは全員流刑7年から14年，終身刑，強制労働の判決を受けていた[491]。」とClark (2006)はイギリスからオーストラリアに入植のためにやってきた一団を描いている。すでに有名な史実だがイギリスからオーストラリアへ入植してきた人びとは，囚人たちであった。イギリスがどのような背景でオーストラリアへの入植を開始したのかという点に踏み込むことは，タスマニアの中期以降の歴史を理解する上で必要である。そこでイギリスがオーストラリアへの入植を決定した経緯についてこの項で触れたい。「18世紀イギリスは，国家にとって役立つ召使になるべきだという考えの下，囚人の多くに流刑を科した。流刑はただ刑罰の一種としてのみでなく，経済政策でもあった。アメリカがイギリスに反旗を翻すまで，実際イギリスはジョージア州，メリーランド州，その他南部の植民地に行く代理人に囚人を引き渡して農場主や雇い主に売るなどして利益を得ていた[492]。」としている。しかし，アメ

491　Clark (2006) p. 14.
492　Blainey (2001) p. 20.

リカは 1776 年東部の 13 植民地が独立を宣言，83 年パリ条約でイギリスが独立を承認したため[493]アメリカに囚人を処分するという手立ては絶たれた。囚人の行く先として代替的にインド・アフリカなどの他の植民地に囚人を送ることや，国内に刑務所を増設することも考えられたはずである。

　なぜ結論としてオーストラリアが選ばれたか，ということについて Blainey (2001) は詳しく論じている。理由の 1 つとしてイギリスの植民地と貿易地それぞれを結ぶ上で寄港地としてオーストラリアの開拓が好都合だった，という説が取り上げられている[494]。だが「しばしば見落とされがちだが，囚人をオーストラリアに送るにあたってもう 1 つ主要な理由が存在する[495]。」と Blainey は別の理由について議論を展開させている。「イギリスが軍事力と商業力を海事に頼っていた時代，亜麻と船のための木材が現在鉄と石油が重要であるように，海事上重要だった[496]。」と Blainey は現在と異なるイギリスの需要について言及している。ところが当時「イギリスは帆柱や船のためのロープ，帆を作るための亜麻をバルト諸国に頼っていた。そのためバルト諸国への海路を封鎖されることは，イギリスの海事力を封鎖することと同義だった。1780 年，フランスとアメリカに応戦するイギリスの戦力は，北欧諸国が武装中立同盟を結成したことによってバルト海への商業海路が危険に晒されると同時に危うくなった[497]。」という変化が起こっており，Blainey はイギリスが危機感を高めていた様子を論じている。そこで「ボタニー湾から東へ 1,000 マイルほどのノーフォーク島には亜麻が生えていた[498]。」や「ノーフォーク島はイギリスの海事力のための支柱も持っていた。島は背が高く真っ直ぐで弾力のある，船乗りだったら誰でもその帆柱としての可能性を感じるような松の木で覆われていた[499]。」とオーストラリアの近辺にあるノーフォーク島の自然資源にイギリスが目をつけていたこと

493　大辞林　第三版（項目「アメリカ合衆国」で引いた。）76 頁。
494　Blainey (2001) p. 23-29.
495　Ibid, p. 29.
496　Ibid, p. 30.
497　Ibid, p. 30-31.
498　Ibid, p. 32.
499　Ibid, p. 33.

をBlaineyは指摘している。先に挙げたバルト諸国へ向かう海路が脅かされたことのみならず,「帆柱は嵐に対抗する弾力性を保つために内部に松脂を含む必要があるが,松脂は10年から12年で消耗してしまう。そのため帆柱は定期的に交換されなければならないが,イギリスにはそれがない[500]。」また「(中略)メイン州とニューハンプシャー州の白松の森がイギリスに木材を送るのをやめた(中略)」[501]などの状況がアメリカとの関係が変化する中で発生し,バルト諸国への海路確保同様イギリスを悩ませた。これらの背景がオーストラリアへの囚人輸送に拍車をかけていた可能性についてBlaineyは論じている[502]。

前述したように,ニューサウスウェールズ州のボタニー湾から東へ1,000マイル程の所にノーフォーク島がある。そこでBlaineyは「もしノーフォーク島がそれほどまでに重要ならば,入植はなぜオーストラリアの本土なのか?[503]」という問いかけについても検証している。Blaineyは理由として「島自体が入植にはとても小さすぎた。木材を切り倒して裸にしたとしても,大きな人口を支えるだけの食料を生産することが期待できなかった。(中略)しかし,亜麻の苗か種をボタニー湾に移すことが出来れば似通った気候と制限のない広大な土地,そして囚人の強制労働で亜麻の栽培が必要なだけ行なえる[504]。」と論じている。

しかしイギリスの思惑とは裏腹に計画は崩壊した。「ノーフォーク島に到着した一団の男たちは亜麻の取り扱いを理解していた。しかし,地元の亜麻の常軌を逸した繊維の長さのため茎から繊維を満足に分離できないと言う問題に直面した[505]。」という理由で,ノーフォーク島の亜麻をロープや帆布に使うことは困難を極めた。「ニュージーランドの先住民たちはこの種の亜麻をどのように取り扱い繊維にするかを知っていた。最も単純な解決法は

500　Ibid, p. 33.
501　Ibid, p. 33.
502　Ibid, p. 34.
503　Ibid, p. 34.
504　Ibid, p. 34.
505　Ibid, p. 36.

ニュージーランドから先住民を誘拐してくるか，だまして連れてくることであった[506]。」という方法を含め複数の解決策について言及がある。問題の解決に向けて様々な試行が繰り返されたが結局思ったような効率や品質が得られず，「亜麻産業はノーフォーク島の中心産業にならなかった。亜麻産業はシドニーにも移されたがシドニーでも栄えなかった[507]。」と亜麻産業の挫折がBlaineyで明らかにされている。一方松については，「木こりたちはノーフォークの松の多くが外見上全く問題が見られないにも関わらず，幹の中が腐敗していることを発見した。そのためノーフォーク島の松は大きな船の帆柱として使用するには危険すぎた[508]。」と当初の期待に全く添えない状況が明らかにされている。Blaineyは「短期間の望みは全て絶たれた[509]。」としイギリスの計画の散々な状況を締めくくっている。前述した一連のBlaineyの議論は，イギリスがオーストラリアに入植した動機を理解する上で役立つ。イギリスが"人間のゴミ捨て場[510]"つまりは囚人の押しつけ先を見つけようとしていた，というのは非常に浅い理解である。イギリスはゴミ捨て場を見つけるだけでなく，そのゴミ捨て場から有益な生産物が，イギリス社会に還元されることも期待していたのである。

　イギリスのゴミ捨て場から生産を期待するというメカニズムは，中期のタスマニア社会においても息づいている。「1807年から1820年，農業入植者がタスマニアにやってきた。1822年以降牧畜家たちの一団が残りの土地を牧羊のために占拠した[511]。」とMcGrathは指摘しているが，この背景をイギリスの流刑政策から探ってみたい。「ナポレオン戦争が終わりに近づくと，多くの船舶が余剰になり，これが急増した犯罪者の植民地への輸送に用いられた。イギリスでは，これまで多くの浮浪者や犯罪者などを吸収していた軍隊が解散され，25万人以上が職を失い，犯罪が急増していたのである。流

506　Ibid, p. 37.
507　Ibid, p. 37-38.
508　Ibid, p. 38.
509　Ibid, p. 39.
510　藤川（2004）41頁。
511　McGrath (1995) p. 314.

第 3 節　アボリジニ―タスマニア―　　101

刑囚の急増で，1815 年に続く 5 年間で植民地人口は 2 倍以上になった[512]。」と羊毛産業が導入される前後のイギリス，オーストラリアの社会状況を藤川は説明している。これらの社会情勢を受けて当時のイギリスは「刑罰として流刑を続けるべきなのだろうか？　流刑は刑罰としてその効果を失ってしまっているのだろうか？[513]」という疑問を自問している。イギリスはこれらの疑問に解答を模索すべく 1819 年 John Thomas Bigge[514] を調査に送り出している。「Bigge はどのような社会と文明がオーストラリアの中で発展すべきか，つまりオーストラリアをイギリスの犯罪者更生の場として使用すべきか，それとも囚人を労働力として使用し富を生み出すために使用すべきか，意見を提出するために召喚された[515]。」と Clark は説明している。「イギリス帰国後 1822 年から 1823 年にかけて発表した 3 つの報告書で，Bigge は繰り返しこれらの点について言及した。囚人は極悪な者を除いて牧羊業に従事させるべきであるとし，極悪な者はモートン湾，カーティス港，ボーウェン港に流刑にされるべきである，と Bigge は提案している。（中略）寛容であるよりかは厳しく対処すること，そしてエマンシピストたちすなわちすでに刑期を終えた者たちが公職に就くことは廃止すべき[516]。」との見解を Bigge は報告書で明らかにした。Bigge の報告書について藤川は「ビッグの報告書の要点は，大きく分けて 2 つあった。1 つは，囚人や元囚人の取り扱いを厳し

512　藤川（2004）55 頁。
513　Clark (2006) p. 51-52.
514　BIGGE, JOHN THOMAS (1780-1843) 判事，王の使節委員。Bigge は弁護士で，貴族的，すべての事柄を英国基準で判断する傾向があり，植民地特有の問題には無関心だったとされる。Bigge の NSW での任務は 1817 年の Bathurst の決定で流刑が犯罪発生にどれだけ抑止力を発揮しているのか，を調査するためだった。Bigge の王立委員会は 1819 年 1 月 5 日に発令され，法的規制と，植民（もしくは植民地）の使用方法，また特に植民地における市民行政，囚人の管理，裁判所の発達，教会，貿易，利益，歳入と自然資源を調査するための権限を任された。Bigge の執筆した報告書は，The State of the Colony of New South Wales, 19 June 1822 (448); The Judicial Establishments of New South Wales and of Van Diemen's Land, 21 February 1823 (33); and The State of Agriculture and Trade in the Colony of New South Wales, 13 March 1823 (136) で，これらは庶民院で印刷された。(Australian Dictionary of Biography Online から抜粋した。)
515　Ibid, p. 52.
516　Ibid, p. 54.

くし，流刑地としての厳格さを高め，本国の犯罪者の流刑に対する恐怖感を強めることであった。もう1つは，政府が雇用している多数の囚人を大土地所有者に割り当て，労働者として働かせることであった。これには，囚人を養う費用を節約することで，イギリス政府の支出を削減する効果があるだけでなく，大土地所有者にイギリス向けの羊毛生産を推進させるという効果もあった[517]。」と分析している。イギリス政府は実際 Bigge の報告書を受け入れ，「(中略) ビックの報告書に基づいて，個人の企業家の厚遇，入植地の拡大，囚人の個人割当ての増加などの政策を進めた[518]。」とされている。結果，囚人労働を投入しての牧畜業は爆発的に広まり，タスマニアもその例外ではなかった。

　タスマニア後期・近代に至るまで影響を及ぼすタスマニアの白人社会の形成はタスマニア中期に基礎を置く。例えば「牧羊業の増加は 1840 年代で減速したが，1840 年代の終わりごろには土地の多くに広まっていた。タスマニアの牧草地にはどこにでも羊が点在しているのが見られ，中央山岳部の冷たい湖の周りの最も貧相な牧草地にさえ羊がいた[519]。」と Blainey が示している。McFarlane はタスマニアの牧羊業を指して「Van Diemen's Co.[520]

517　藤川 (2004) 56 頁。
518　前掲書，56 頁。
519　Blainey (2001) p. 135.
520　Van Diemen's Land Company（ヴァンディーメンズランド会社）ヴァンディーメンズランド（現在のタスマニア，1825 年まではニューサウスウェールズの一部であった。）において農業と牧畜を行うために，1825 年にロンドンのシンジケートにより設立された会社。ニューサウスウェールズにおける同種の事業である，オーストラリア農業会社 Australian Agricultural Company と同時期に誕生した。ビッグにより 1822 年に植民地省に提出されたリポートが，両社の設立に大きく寄与している。こうした企業による雇用機会の創出が，自由な移民を植民地に引きつけることが期待されていたが，実際には，囚人による安価な労働力に依存していた。会社は，資本金 100 万ポンドで事業をはじめ，25 万エーカーの土地を植民地当局から無償で与えられた。1826 年には，エドワード・カー Edward Curr の率いる設立準備団が，イギリスから到着し，ヴァンディーメンズランドの北西に土地を確保した。当初，土地の選択に時間を要したことから，会社の発展は遅かった。また，年季奉公人や囚人の労働力，アボリジナル，イギリス式耕作方法のオーストラリアの環境への不適合など，数々の障害にも直面した。会社は，当初に予想されたほどには発展しなかったが，現在まで存続している。19 世紀から 20 世紀を通じての主要な事業は，農業と牧畜であるが，19 世紀後半にはタスマニアで鉱物資源が発見され，それを積み出す港湾地帯を所有していた同社は間接的な利益を得た。19 世紀終わりから 20 世紀にかけて，政府が中小農民に土地を与える稠密植民の影響により，会社所有の土地は

は労働者として多くの無料囚人労働を供給されていた。その結果政府は囚人1人当たり年間16ポンドを節約できた。そのまま15年間が経過すれば，VDL Co.は政府にとって25,000ポンドの節約となり賃貸を全て相殺しえた[521]。」としている。これらの状況は「18世紀イギリスは，国家にとって役立つ召使になるべきだという考えの下，囚人の多くに流刑を科した。流刑はただ刑罰の一種としてのみでなく，経済政策でもあった[522]。」という指摘通り，囚人の片づけ先と，経済政策を同時に成立させるというイギリスの思惑に則っている。

　タスマニアの囚人・経済政策がMcGrathの指摘のように1807年から1820年に農業入植，1822年以降に牧羊[523]という広大な土地を需要する産業で推し進められたことは白人とタスマニア・アボリジニの関係を変化させた。前項で「アボリジニは新たな訪問者に対して警戒したものの，最終的にはカンガルーやアザラシの毛皮とタバコ，小麦，茶を交換する取引を始めた。後に女性たちが性的なサービスを供給する見返りとして，猟犬や小麦，他の贈り物との交換が行なわれた。（中略）アザラシ猟の猟師たちは，大きな土地や永久的に滞在する土地を求めなかったので後の白人入植者たちもアボリジニと協働的な関係を築く余地があったといえる[524]。」というMcGrathの指摘を取り上げた。McGrathの指摘を見ると，明文化された法律などはなかったとはいえ，彼らに取引が成立していた時点で対等な関係が築けていたとの推測は妥当である。しかし，タスマニア中期ではこれが一転している。「イギリス政府はアボリジニを文明化された人々とは見なさなかったため，アボリジニを土地の所有者とは認めなかった。アボリジニは今

　減少した。しかし，会社設立から150年以上が経った後も依然として20,000エーカーの土地を有しているのである。タスマニア州北部のバーニーにおける製紙業の発展は，同社の有する森林資源の市場となっている。
　(http://www.ajf.australia.or.jp/aboutajf/publications/sirneil/dict/VanDiemensLandCompany.htmlより引用，2009年8月7日参照。)

521　McFarlane (2008) p. 78.
522　Blainey (2001) p. 20.
523　McGrath (1995) p. 314.
524　Ibid, p. 312.

やイギリス法によって取り扱われる存在であるが，市民権は持たないとされる。そしてアボリジニが彼らの土地を守ろうとする試みは，イギリス法によって犯罪として処理される[525]。」と Ryan が示しているように，恒久的な入植に伴って，アボリジニはイギリス社会にイギリス法の対象として取り込まれつつも，同等の法的権限を持たない者として疎外された。タスマニア・アボリジニの立場が変化したにも関わらず「1803 年から 1824 年までタスマニア・アボリジニの白人に対する攻撃は不定期で，頻度も低く年に1回か2回程度だった。また攻撃自体も当事者間だけに留まっていた。そのため入植者たちはアボリジニを"最も平和的な生き物"と認識していた[526]。」と Windshuttle（2002）が指摘しており，表面に見える社会現象としてはあまり変化がなかった。

　タスマニアの中期を通じていえることは，イギリス政府の強い影響でタスマニアへの白人入植が進められてきた時代であるということである。また，この時期の入植の方法自体も初期のアザラシ猟師たちとは異なり，農業や牧羊など土地を必要とするものだったことについても注目したい。このように白人入植者たちのアボリジニ社会に対する関わり方が変化したにも関わらず，前述したように Windshuttle[527] は表面的には両者の摩擦が激化した様子はなかったとしている。入植政策というタスマニアの内部での出来事が，イギリスという外部の社会からの影響で変化させられたこともその後の変化と関連して留意すべき点である。そのため，タスマニア中期は白人とアボリジニの間で内面的な変化を起こしていた時期であり，また初期から後期にかけての過渡期であったと言える。

3　駆逐されるアボリジニ ―タスマニア後期―

　Reynolds（2001）「1826 年から 1833 年の白人とタスマニア・アボリジニの激しい摩擦の間，タスマニアの入植者たちは公に集団虐殺の問題について

525　Ryan (1996) p. 73.
526　Windschuttle (2002) p. 111.
527　Ibid, p. 111.

第3節　アボリジニ―タスマニア―　105

話し合った[528]。」、Ryan「1822年から1830年、白人とタスマニア・アボリジニの間で土地の所有権をめぐる争いが絶頂となった時、イギリス政府代理人、Arthur総督[529]は幾つかの解決策を試みている[530]。」McGrath「白人とタスマニア・アボリジニの摩擦が絶頂だった1824年から1834年は同時に牧羊家たちが土地開発を促進している時だった[531]。」と先行研究の指摘では、白人とタスマニア・アボリジニの関係は1824年から1834年の間にかけて土地をめぐって最悪になったとされている。より詳しいことはWindshuttleによって説明されている。「1824年から1831年までの間、アボリジニと白人入植者の摩擦で合計729の事件が起こっている。Windshuttleの表4.1（本書でも巻末に掲載）はBlack Warとして知られる期間の間に187人の入植者が殺され211人が負傷したことを示している。最も敵対が激しかった期間は1828年から1830年だった。人に対する暴力が最悪だった年は1828年で151人の白人入植者、もしくは召使として使用されていた囚人が殺害、負傷、攻撃されている。しかし、敵対による事件の件数が最も多いのは明らかに1830年である。これらの数値に当時の全白人人口を反映させて考えてみよう。1824年の12,303人から1831年には26,640人に増加している。アボリジニの攻撃による犠牲は全白人人口の約2%にも及ぶことが分かる[532]。」とWindshuttleによって詳細が明らかにされている。

　白人対タスマニア・アボリジニの攻防の最中、白人たちが多くの対応策

528　Reynolds (2001) p. 52.
529　ARTHUR, Sir GEORGE, 准男爵 (1784-1854)、兵士、植民地管理官。1823年の7月にVan Diemen's Landの政府代理として選ばれ、1824年5月12日にホバートに到着。1837年まで、Van Diemen's Landの政府代理に就任した。後にVan Diemen's Landが1つの植民地として独立すると同時に、ArthurはVan Diemen's Landにおける全権を掌握することになった。イギリスにとって、Van Diemen's Landは刑務所であったため、それに同意していたArthurの第一の課題はVan Diemen's Landを効果的な刑務所にすることであった。Arthurは管理のための活力、高い理想、改革への情熱と植民地の福利厚生を考える真剣さに長けていた半面、僅かな批判に対しても極端に嫌悪感を持ち、自分自身の行動を正当化するために膨大な至急公文書を書くことを厭わない傾向があったとされる。（Australian Dictionary of Biography Onlineから抜粋した。）
530　Ryan (1996) p. 4.
531　McGrath (1995) p. 316.
532　Windshuttle (2002) p. 84.

を講じたことは先行研究によって言及されている[533]。その手始めとして人に対する暴力が最悪を記録した1828年、Arthur総督がMartial Lawつまり戒厳令を発令している。戒厳令とは「非常時に軍隊に統治権をゆだねる命令[534]。」とされている。「前年の春から1828年の春にかけてアボリジニの攻撃が4倍ほどに増加していた。最後の決め手は2人のイギリス人女性と彼女たちの2人の幼い子どもたちが殺害されたことだった。この事件に対して新聞が非常な憤慨で対応したため、Arthur総督は戒厳令の発令という極端な対応を取ることを余儀なくされた。戒厳令つまり"通常権力の行使が不可能となった場合、軍事力の発動を特定の地域に許可する法律"である。戒厳令は入植地域でアボリジニを見かけた場合、兵隊が逮捕もしくは射撃することが可能なことを意味した[535]。」と同様の内容でFloodもMartial Lawの発令と背景を説明している。Floodと同様の指摘をMcFarlaneも「アボリジニの攻撃に対応するよう政府に求める世論が1828年の11月に戒厳令を発令するようにArthur総督を導いた。戒厳令の発令は事実上の宣戦布告であり、3年間継続された。宣言されている地域で見つかったアボリジニは合法的に射撃されることを意味した[536]。」という説明を行なっている。

　補足であるが、Arthur総督本人の意向自体は決定された政策とは異なっていた点がWindshuttleによって指摘されている。「Arthur総督はこの決定に満足していなかった。1828年1月"白人住民たちの怒りを鎮めることが私にはできない。だからこそアボリジニが公然の敵として政府に認識されてしまう前に妥協しなければならない。"とArthur総督は書き残している。しかしArthur総督の戒厳令発令によって白人入植者はアボリジニを"公然の敵"として認識した。戒厳令は和解のための政策として多大な失敗を引き起こしたにも関わらずArthur総督はロンドンに向かって彼の意図するとこ

533　タスマニア・アボリジニも反撃したと考えるのは自然であるが、彼らは文字文化を持たなかったため記録を収集するのが困難である。白人側の記録をもとに論じることも可能だが、それらにはバイアスが含まれており、どこまで事実としてとらえられるかは疑問である。
534　大辞林　第三版（項目「戒厳令」で引いた。）406頁。
535　Flood (2006) p. 84.
536　McFarlane (2008) p. 138.

ろはアボリジニの絶滅ではなく，入植地からアボリジニを撤退させることだったと伝えている[537]。」とし，Arthur 総督の意図が実際に植民地の中で起こったことと真逆だったことが指摘されている。また一方で Ryan が「戒厳令は 1816 年にブッシュレンジャーに対して発令されたことがあり，その時は 6 ヶ月間しか発動されていない。しかし，1828 年アボリジニに対しての発動は 3 年以上も継続された[538]。」と指摘している。ブッシュレンジャーは白人であったこと，ブッシュレンジャー[539] よりもアボリジニに対する戒厳令発動が長期に亘っていること等を取り上げアボリジニに対する人道的扱いを疑問視することもできるだろう。

「1830 年 2 月 25 日 Robinson が旅に出発した直後，Aborigines Committee が生きたままタスマニア・アボリジニを捕獲した場合，報奨金を支給すると決定した。報奨金の額はタスマニア・アボリジニの大人 1 人に対して 5 ポンド，子ども 1 人に対して 2 ポンドだった[540]。」とし，Martial Law が発動された後，別の政策が打ち出されていることが分かる。同様の指摘が McGrath にもあり「軍の発動は今や遠隔地にも及んだ。1830 年，大人のアボリジニ 1 人の捕獲に 5 ポンド，子ども 1 人に 2 ポンドという報奨金が導入された[541]。」としている。Flood は報奨金についてより踏み込んだ記述をしている。「イギリスは入植地域に 2,000 人ほどのアボリジニが存在すると考えていたが，実際のところは 200 人ほどだったと考えられる。兵士たちがアボリジニを探し回っている一方で入植者たちへの攻撃が激しくなった。抜本的な対策が必要とされ，1830 年 2 月に生きたままアボリジニを捕まえた場合，大人 1 人に 5 ポンド，子ども 1 人に 2 ポンドの報奨金が支給されること

---

537 Windshuttle (2002) p. 150.
538 Ryan (1996) p. 99.
539 "Bushranger" とは人里離れた森林や草原に暮らす無法者のことを指す。(Concise Oxford Dictionary で "Bushranger" で引いた。) Bushranger の代表的な人物として Ned Kelly がいる。窃盗，強盗，殺人に至る様々の悪行を犯し，絞首刑に処された。しかし現在でも多くのメディアで取り上げる伝説的な存在である。(参考：http://www.ajf.australia.or.jp/aboutjf/publications/sirneil/dict/NedKellyandtheKellyOutbreak.html，2009 年 8 月 7 日参照。)
540 McFarlane (2008) p. 139-140.
541 McGrath (1995) p. 320.

になった。しかし，これもまたイギリス人の死者数を食い止めるには至らず，Arthur 総督は完全軍備で争いを終結させるに至った[542]。」と Flood は報奨金導入前後の背景についても説明している。

　エスカレートしていく白人とタスマニア・アボリジニの攻防の中で，次に白人たちが計画したのが Black Line だった。「Arthur 総督が完全軍備で争いを終結させるに至った結果が"Black Line"——全てのタスマニア・アボリジニを入植地域からタスマン半島の細い首部分に追い込むという試みだった。健康な白人男性全員が動員され，7 週間の間 2,200 人が横に並んで作った動く線が出来上がった。しかし，この計画は 2 人のアボリジニを狙撃したことと，1 人の老人男性と障害を持った少年を捕獲しただけに終わった[543]。」と Black Line を Flood は説明している。他にも同様の指摘が先行研究によって行なわれている。例えば McFarlane は「Black Line はタスマニア・アボリジニを入植地域から一掃するために行政機関が行なった野心的かつ必死の試みだった。Black Line は Murray の Aborigines Committee に対する提案による特徴を多く含んでいて，兵士，警察隊，一般入植者によって作られた武装した人間の線が南はキャンプベルタウンからタスマン半島まで掃き進む図もその中に含まれている。Black Line 決行は 10 月 7 日，そして約 6 週間後に終了した。2,200 人の男たちが配備され，30,000 ポンドという法外な予算が費やされたが，1 人の男性と少年が捕獲されただけだった[544]。」と説明している。また Windshuttle は「Black Line はタスマニアの歴史の中ですら飛びぬけて悪名が高い。実際イギリス帝国の歴史の中でも最も悪名高いものとして格付けされる。一般的な説明によると，Black Line がこれほどまで悪名高いのは，計画の意図が極端でまったくといってよいほど有益な結果を生み出さなかったことにある。通常タスマニア・アボリジニ全員を，捕獲するか虐殺するかによって駆逐する試みとして Black Line は描かれるが，その結末は高価な失敗として結論づけられている。1830 年 10

---

[542] Flood (2006) p. 84-86.
[543] Ibid, p. 86.
[544] McFarlane (2008) p. 145-146.

月，政府は兵士，有志市民で人間の鎖を作り，島の半分を南東から孤立した半島まで追い込もうとした。しかしながらほとんどのタスマニア・アボリジニは逃れるか，鎖の間を潜り抜け，実際にはたった2人が捕獲されただけだった[545]。」と酷評している。

　Black Lineと両極とも言える存在で，この時期行なわれた政策のうち有名なものにFriendly Missionがある。「Friendly Missionの主な目的は単純にまだ接触のないアボリジニの部族と友好的な関係を築くことだった。また友好的な関係は将来的に和解の基礎の足がかりとなる望みがあった[546]。」とMcFarlenはFriendly Missionの役割を説明している。Friendly Missionの中心的役割を担ったのはRobinson[547]であるが，Robinsonが雇われた経緯についてFloodが触れている。「1829年3月Arthur総督は，"アボリジニと交流することに興味が持てる善良な人間"を求めて広告を出した。Robinsonは応募してきた当時41歳だった。Robinsonはアボリジニに宣教し彼らを向上させたいという望みを持っており，"アボリジニが絶滅からそう遠くない"と信じていた。Robinsonのモットーはamicus humani generis（人類の友人）だった。彼は彼の任務を"神の思し召し"と考えており，アボリジニを文明化し，彼らに労働を教え込まなければならないと信じていた。彼は子どもたちを寮に留めて部族から隔離しておくことも計画していた。これらのアイディアは本土の伝道団から派生したものだが，まずRobinsonの初めの仕事はアボリジニをブッシュから連れてくることだった[548]。」とされている。

545　Windshuttle (2002) p. 167.
546　McFarlane (2008) p. 129.
547　ROBINSON, GEORGE AUGUSTUS（1791-1866）アボリジニ保護管。Robinsonは同情的な動機から，アボリジニ保護管となった。そのため職務就任当初は彼らの境遇を良くしようとアボリジニを助け，財政的な安定を犠牲にするために厭わなかったとされている。ところが彼の計画が成功するにつれ，アボリジニに対する忍耐を失い，より金銭的な報酬に興味をもつようになったとされる。虚栄心からアボリジニの取り扱いに有益な発案が可能で，アボリジニの福利厚生を心から考え，捕獲したアボリジニの全責任を負うのは自分だけだと考えていた。これらのRobinsonの見解に賛同するものは少なかった。Port Phillipの保護管が1849年12月31日に廃止とされ，Robinsonはアボリジニ保護管の職務から解任された。1852年5月にLondonへと出発し，晩年はイギリスで過ごした。1866年10月18日にBathで死亡している。（Australian Dictionary of Biography Onlineから抜粋した。）
548　Flood (2006) p. 87.

Friendly Mission についての説明は Windshuttle にも見られる。「4 ヵ月半の間 Robinson はマッコーリー港のサラ島入植地での一週間以外白人社会との交流を絶った。Robinson はポートダーヴェイまで歩いたのみならず，西海岸をケープ・グリムまで歩いた初めての白人男性となった[549]。」と Robinson の探検が当時稀なものだった事を指摘している。Flood は「後に Truganini[550] はなぜ Friendly Mission の調停任務に携わったのかを説明している。"Robinson はとても良い人で私たちアボリジニの言葉が話せたので，私は Robinson と一緒に行って彼を助けると言った。調停をすることが"最善のこと"だった。私は残された私たちアボリジニ全てを救うことを望んでいた。"（中略）Truganini は出会ったアボリジニたちに"私たちアボリジニは全員殺された。戦うことはもう無意味だ。Robinson は私たちの友人で私たちを良い場所に連れて行ってくれる。"と教えた[551]。」と指摘している。Flood は「Robinson は 7 回の遠征で 151 人のアボリジニを集めた。武力的行使は行なわれなかった[552]。」と指摘し，Friendly Mission では武力が使用されなかったことが分かる。Black Line と Friendly Mission がお互いに影響を及ぼしあっていたことは，Windshuttle によって指摘されている。「政府が Friendly Mission に対して無関心だった理由の一部として，Robinson が不在の際にアボリジニに対する政策が変更されていたことが挙げられ

549　Windschuttle (2002) p. 207.
550　TRUGANINI（1812?-1876）タスマニアのタスマニア・アボリジニで South East の部族の地区で生まれている。彼女の父親は部族の中の band といわれる集団のリーダーで，Mangerner。思春期には伝統的な文化に従事し，Port Davey に時折訪れていたとされている。彼女の部族はヨーロッパ人アザラシ猟師や，クジラ猟師，木材を手に入れるために部族の土地にやってきた人間たちによって崩壊させられた。1829 年の 3 月には Truganini の母親が兵士たちによって殺され，叔父が兵士によって撃たれ，姉妹はアザラシ猟師に誘拐され，夫は木材を得るために訪れていた人間たちによって殺された。1830 年から 1835 年まで Friendly Mission に G. A. Robinson と Robinson の息子とともに従事する。Truganini は通訳と，道案内人，アボリジニの文化や習慣などを説明する役割を担い，それらは Robinson の日記に文化人類的な記録として残されている。他のアボリジニたちと居住地での生活を経験した後，1874 年にホバートに移り，1876 年 5 月 8 日，64 歳で亡くなった。(Australian Dictionary of Biography Online から抜粋した。)
551　Flood (2006) p. 87.
552　Ibid, p. 87.

る。和解は何の成果も生み出さなかったので，政府は Black Line で植民地の南東からアボリジニを追い込もうと準備していた[553]。」と指摘しており，Friendly Mission の成果が思うように上がらなかったことが，Black Line の実行に拍車をかけたことが分かる。しかし，Black Line はすでに述べたように惨憺たる結果で失敗に終わった。「12月中旬までにスワン島の居留地に33人のアボリジニがいた。Friendly Mission の成果は，Black Line に比較して相当良かったといえる[554]。」と McFarlane は指摘している。結果「Robinson の成功は，これから Friendly Mission によって連れてこられるアボリジニ同様，すでにスワン島に拘留された人々を処理していく計画が必要なことを意味した[555]。」と Friendly Mission の成功が，集めたアボリジニに対する処遇へと焦点を移していった。政策が実行された後，Friendly Mission から Black Line へ，Black Line の失敗から Friendly Mission へと政策の重点が変化している様子が伺える。政策の重点が変化していると同時に，政府があの手この手でタスマニア・アボリジニを駆逐しようと必死な様子が見て取れる。「Friendly Mission によって一旦西海岸の人々が撤退させられてしまうと，自由の身で残されたアボリジニは僅かだった[556]。」と Perkins（2008）は結んでいる。同様に McFarlane も「1834年以降，タスマニアにアボリジニは残されていない。彼らを追い出すプロセスは完了した[557]。」と指摘している。

このようにタスマニア後期の歴史を振り返って特徴的な点としては，白人とタスマニア・アボリジニの間の争いの激化が第1点目として挙げられる。中期とは対照的に後期では争いの数の激増，負傷者の激増と見える形で変化が現れている。また争いが激化するに際して，白人社会も対応していることが第2点目として挙げられる。植民地政府は Martial Law，報奨金の導入，Black Line，Friendly Mission などを次々と打ち出している。結果タスマニ

---

[553] Windshuttle (2002) p. 211.
[554] McFarlane (2008) p. 147.
[555] Ibid, p. 147.
[556] Perkins (2008) p. 92.
[557] McFarlane (2008) p. 164.

ア後期の1834年までにほとんどのアボリジニはタスマニア本島から駆逐されてしまっている点をタスマニア後期の特徴第3点目として挙げる[558]。

4　被差別者の消滅 ―タスマニアその後―

本土で捕獲されたアボリジニの人々は遠方の島へ送られた。「Bruny Island Mission が1831年に失敗し、生き残った人々はガンキャリエッジ島[559]へ送られた。しかしそこでもタスマニア・アボリジニは病や、拘留等で死亡した。フリンダーズ島に居留地が設立され1835年に123人が移り住んだが1838年までに59人が死亡している[560]。」と McGrath は指摘している。「1833年までに約220人のタスマニア・アボリジニがフリンダーズ島のアボリジニ居留地 Wybalenna[561] に居た。（中略）1847年までに46人のタスマニア・アボリジニが Wybalenna で生き残り、彼らは南ホバートから30km離れたオイスター・コーブにある、以前は囚人たちが使用していた施設へと移動させられた[562]。」と Flood も McGrath 同様、死亡率の高いタスマニア・アボリジニの様子を描いている。「1831年以降フリンダーズ島に送られたアボリジニの201人のうち、1835年までに73人が死亡し、1837年には31人が死亡、1838年には14人、そして1839年には14人が死亡している。（中略）8年間の死亡率は63.7％にも昇り、（中略）フリンダーズ島に残っている人々は死ぬために滞在しているようなものだった[563]。」と McFarlane は説明している。McFarlane もまた前述した McGrath, Flood 同様に政府の監督下に置かれたタスマニア・アボリジニが短期の間に死亡したことを指摘している。

この時期のタスマニア・アボリジニの死亡率をめぐって、様々な議論が

558　Ibid, p. 164.
559　現在は Vansittart Island と呼ばれている。
560　McGrath (1995) p. 323.
561　Wybalenna は「黒人の家」を意味する。Flood (2006) p. 88. "By 1833 about 220 were on Flinders Island at the Aboriginal Establishment of Wybalenna" (meaning Black Men's Houses)
562　Flood (2006) p. 88.
563　McFarlane (2008) p. 189.

展開されている。Flood は「フリンダーズ島の気候は悪くなく，医者はタスマニア本島よりもフリンダーズ島の方が健康的であると評価していた[564]。」としているが，「食事の変化が病気をもたらしたと言える。成人 1 人 1 日当たりの食糧配給は塩漬けの肉が 450g，675g の小麦粉，それに加えてキャベツ，カブ，茶，砂糖，そしてタバコだった。新鮮な肉は 1839 年以降にミッションが羊や豚を飼育し始めた時にようやく定期的に配給されるようになった[565]。」ことや「調理方法も問題だった。アボリジニにとって茹でた塩漬け肉と野菜を一緒に摂取することは，栄養価値を減少させていた[566]。」等の指摘をしている。また最後に Flood は「性病による不妊とインフルエンザ，肺炎，結核などの肺病が訴えられた。1829 年南西の部族の 9 人が呼吸に関連した病気で死んでいる。それは同時に Wybalenna の 16 年間における 132 人の死亡のうちほとんどの原因ともなっている。インフルエンザの流行が 1837 年，1839 年，1847 年にあり，Robinson が"最後の贈り物"として島に持ちこんだのは 1839 年 1 月にメルボルンで Robinson 自身が罹患したスペインインフルエンザで，これによって Wybalenna では 8 人のタスマニア・アボリジニが死亡した[567]。」と病の存在も指摘している。

　McFarlane は「Mannalargenna が 12 月 4 日に死亡した。彼の死亡がフリンダーズ島に到着して僅か 6 週間に満たない間に起こったことは，Friendly Mission に参加していたアボリジニたちでさえ島牢獄でのストレスや窮乏には免疫がなかったことを示した[568]。」とし，ストレスが死亡率を上げたことを示唆している。Windshuttle も死亡率の高さについて論じている。Windshuttle は，「1837 年 140 人ほどのアボリジニに対して 70 人弱の囚人たちが雇われていた。囚人たちはパン屋，靴屋，レンガ造り職人，レンガ積み職人，大工，大のこぎりの下挽き人，肉屋，左官，庭師そして農夫として取引に従事していた。アボリジニが住んでいた小屋はレンガ造りで，ガラス

564　Flood (2006) p. 88.
565　Ibid, p. 88.
566　Ibid, p. 88.
567　Ibid, p. 90.
568　McFarlane (2008) p. 186.

窓，真鍮のドアノブがついた良い品質のものだった[569]。」や「タスマニア・アボリジニは白人の囚人たちよりもずっとよい待遇を受けていた[570]。」と当時のアボリジニの生活状況を描写している。天候に関してもFlood同様「アボリジニが滞在していた場所はタスマニア本島のほとんどの地域よりも暖かかった。海岸で海面と同じ高さにあるWybalennaはとても寒い冬の風から逃れることができた。最高平均気温は21.5℃で，冬の平均最低気温は6.5℃，冬のホバート平均最低気温4.9℃よりも目立って暖かい[571]。」としている。Reynolds（2004）の分析で「コミュニティは医療の配慮を必要としていなかった。医師がフリンダーズ島にはWybalenna設立以来ずっと滞在していた。医師へのアクセスはタスマニアの田舎やホバート，ローセストンの貧民層よりもずっと設備されていた[572]。」とし，医療設備も当時としては悪くなかったことについて触れている。WindshuttleもReynoldsについて触れながら，「フリンダーズ島には医師が滞在しており，それは常に維持されていた[573]。」とし，医療設備の不足はなかったとしている。

　Windshuttleが死亡の原因として論じているのは「病気の発生は多数の人々を一時で奪ってしまい，フリンダーズ島での滞在の全歴史を通じて特徴的な傾向であった[574]。」とするように病気を原因として挙げている。Windshuttleは病気がアボリジニの人口減少の原因であった根拠として，タスマニアでは大人数で構成された部族集団が発見されなかったこと，またタスマニア・アボリジニの出生率の低さから性病が蔓延していた可能性についても指摘している[575]。しかし一方で，McGrathが「病気にも関わらず彼らは働くことを期待されていた。女性たちは重い茅葺のための荷物を運び，男性たちは道を作った[576]。」と指摘している。

569　Windshuttle (2002) p. 229.
570　Ibid, p. 231.
571　Ibid, p. 230.
572　Reynolds (1995) p. 187.
573　Windshuttle (2002) p. 231.
574　Ibid, p. 374. またこの際にWindshuttle（2002）は前後で「Robinsonの記録から肺炎のような症状だったとBrian Promleyが分析している。」と補足している。
575　Ibid, p. 374-376.

このような先行研究間での意見の相違は、タスマニア・アボリジニの取り扱いや死亡の原因をめぐって多く見られる。例えば、「部族の名前はアボリジニ・アイデンティティにとって基礎的な要素であるが、それらは英語戯画に置き換えられた。Pevay は Napoleon、Truganinini は Lalla Rookh、Worrady は Count Alpha、Ty.me.nid.ic は Adolphus になった。そしてその他の者たちも同様に英名で命名され、Nimrod、Achilles、Hannibal、Cleopattra そして Barnaby Rudge などとなった。これはアメリカの奴隷農場の所有者による一般的な策略で、同時に部族のアイデンティティや誇りを打ち砕くものだった[577]。」と McFarlane はフリンダーズ島でアボリジニが英名で命名されたことを説明している。ところが Ryan は「Truganini は彼女の父親が部族長で、彼女が Recherche Bay の部族の最後の1人であったことから Lalla Rookh と命名された。Oyster Bay の人々の部族長だった Tongerlongter はイギリスに君臨した King William をとって命名された。Robinson は名前を変えることによって彼らを混乱させるつもりではなかった。というよりむしろ Robinson はアボリジニの権力構成がヨーロッパ人のそれととても類似していることを理解させたかった[578]。」としている。このように先行研究の議論は様々であり、アボリジニに対する待遇や生活状況に関しても諸説混迷した状況となっている。だが、どの先行研究もこの時期居留地に置かれたアボリジニの死亡率が高かったことについては見解の一致を示していることに注目したい。

　タスマニア・アボリジニの人口減少は止まらず、1869年3月に最後の純血タスマニア・アボリジニ男性 William Lanney[579] が死亡し、1876年に最後

576　McGrath (1995) p. 323.
577　McFarlane (2008) p. 186-187.
578　Ryan (1996) p. 184.
579　William Lanney 最後の純血タスマニア・アボリジニの男性として有名。1842年、7才のときにフリンダーズ島に到着。William Lanney の家族は1842年にアーサーリバーの傍で捕まった最後のアボリジニの家族で、彼を含めて5人の子供たちが居たとされる。William Lanney は1847年から1851年までホバートタウンの Orphan School に通い、その後捕鯨に従事した。1868年、3月2日に体調を崩し、同日午後1時に死亡。遺体を科学的標本として収集しようとする科学者・医学者たちの手によって熾烈な争いが繰り広げられた。(Ryan (1996) p. 214.)「不幸なことに当時の科学者たちのタスマニア・アボリジニに対する熱狂が1869年3月3日にホ

の純血タスマニア・アボリジニ女性とされる Truganini が死亡している。すでに何度か取り上げたが，辞書に書かれている「先住のタスマン人は1876年絶滅[580]。」と照らし合わせると，Truganini の死亡を持ってタスマニア・アボリジニの絶滅が定義されていることが分かる。Ryan は「Truganini は実のところ最後に死亡した"純血のタスマニア・アボリジニ"ではなかった。カンガルー島に Suke という女性がケープ港から連れられてきて，アザラシ猟師たちによって形成された古いコミュニティに住んでいた。Suke は1888年に死亡している。いうまでもなくアボリジニの人々にとって Truganini は闘いと生き残りの象徴であり，白人たちにとってはタスマニア・アボリジニの絶滅を論じる際に役立つスケープゴートとなった。Truganini の死亡と共にほとんどの白人たちはタスマニアのアボリジニ問題は終結したと考えた[581]。」という指摘を行なっている。この指摘の意味深さは Taylor（2002）によってより明確になるだろう。「Lyndall Ryan は Suke の存在を脇によけて紹介している。それは"闘いと生き残りの象徴"になったのが Truganini だからである。Ryan はタスマニア・アボリジニの絶滅の物語を私たちに聞かせているわけではない，彼女が話しているのはタスマニア・アボリジニの生き残りの物語である。純血のタスマニア・アボリジニの

バートでコレラのため死去した最後の純血のタスマニア・アボリジニ男性 William Lanney の遺体を切り刻むという恥ずべき事態を引き起こした。」(p. 91.) と Flood (2006) が指摘し，説明するように William Lanney や Truganini が死亡した際に取られた対応は尋常ではなかった。「彼の亡骸は警備の下病院の死体保管室に置かれたが，その夜 Royal College of Surgeon のメンバーである Crowther 医師が警備をだまし，死体保管室の鍵を開け，Lanney の頭を体から切り離した。」(p. 91.) とされている。さらに「信じられないことに，Stokell と他の Royal Society のメンバーが墓地に忍び込み，Lanney の死体を掘り起こし，さらに死体を切り刻み別の墓に再び埋めた。」(p. 91.) と Flood (2006) が指摘している。「Truganini は彼女も Lanney 同様に切り刻まれてしまうことを怖れたが，彼女が1876年に死亡した時，彼女の亡骸は政府によって深夜秘密裡に埋葬された。2年後に彼女の死体は掘り起こされてホバートにある Royal Society Museum に1904年から1947年まで展示された。」(p. 91.) とされている。様々な論争の後彼女の亡骸は返還され，「Truganini はついに静かな眠りについたがそれは彼女の死後1世紀も経った後だった。」(p. 91.) とされている。一方 Lanney の遺体も「手と足は後に Royal Society の建物内で発見されたが，頭部はついに戻らなかった。」(p. 91.) と Flood (2006) によって説明されている。

580　大辞林　第三版（項目「タスマニア」で引いた。）1546頁。
581　Ryan (1996) p. 220.

第3節　アボリジニ―タスマニア―　117

最後の1人が死ぬことで，人種の定義によって絶滅の物語が成立する。そこでSukeは横に押しやられる必要がある。LindsayとHillの物語でSukeが中心的存在だったのと同じ理由でSukeは脇へ押しやられる必要がある。なぜならば，彼女は通説では1876年に終結していると思われていた年代記からはみ出した付録物だからである。Fanny Cochrane Smith[582]は付録物ではない。Fanny Cochrane Smithはハーフ・ケースト（混血）として分類されていたからである。しかしSukeはアザラシ猟師の父を持つわけでもなく，文明に囚われていたわけでもなく，純血のタスマニア・アボリジニとして認識されていた。だからこそSukeは1894，1888や1880などのただの数字であり，人格としては取り扱われていない[583]。」とTaylorはRyanの指摘を分析している。Ryan，Taylorが示したように，Truganiniの影にSukeや混血のタスマニア・アボリジニがかき消されている。McGrathもまた「不幸なことに多くのタスマニアの人々がタスマニア・アボリジニの権利を認めることを否定するためにTruganiniが最後のタスマニア・アボリジニだったという伝説にすがりつく[584]。」とし，強固にTruganini伝説が信じられている根拠を示している。

　Truganiniの伝説の中でかき消されているタスマニア・アボリジニの子孫を「しかし生存者は居た。バス海峡の島にいるアボリジニ女性とアザラシ猟師たちの子孫である。1847年までに"Islander"のコミュニティは13家族，総計50人の人々を含んでいた[585]。」とRyanは説明している。「1840年

582　SMITH, FANNY COCHRANE（1834-1905）タスマニア・アボリジニ，1834年12月上旬，Wybalenna（フリンダーズ島のアボリジニ居留地）で生まれる。Tanganuturra（Sarah）の娘で父親は不明（そのため後にFannyは白人との混血とされている）。1854年10月27日にイギリス人で元囚人のWilliam Smithanと結婚。1876年Truganiniの死亡後，Funnyは自らが最後のタスマニア・アボリジニであると主張している。彼女の主張を受け入れて，議会は彼女の年金増額と同時に1889年に121ヘクタールの土地を与えている。彼女は狩りやBush Food（アボリジニの伝統的な食物）と薬類の採取を続け，伝統的なバスケットを作り，エビ・カニを捕まえるために海に潜り，アボリジニの宗教を信仰した。1905年2月24日に肺炎で死亡している。（Australian Dictionary of Biography Onlineから抜粋した。）
583　Taylor (2002) p. 144.
584　McGrath (1995) p. 356.
585　Ryan (1996) p. 222.

代バス海峡の島々に存在する，白人とアボリジニのコミュニティは外界とは異なった存在として観察されている。1つの見解としては，年長者は"強壮で血色の良い人々，心優しく，嬉々としている"とされ，子どもたちは"勘が良く，知的"とされている。が一方では，"野蛮""文字通り半分野蛮人で半分文明化されている／半分黒人で半分白人"と評されていた[586]。」と Ryan は Islander のマージナルな社会的境遇を指摘している。

「1908年までにケープ・バーレン島の人々はオーストラリア南東のアボリジニ人口と共通した特徴を見せている。彼らは白人の子孫としての特色が濃いが混血であることが明らかで，できる限り白人に見せかけようとは望んでいない。年長者は自らが生まれた場所に死ぬために帰ることを好み，彼らの褐色の膚は彼らがアボリジニとしてのアイデンティティを保つことを好ませる。彼らは英語を話すがアボリジニの言語の名残がある。彼らの"観念の違い"が彼らの文化を白人社会から隔てている[587]。」と Ryan が指摘しており，Islander 特有の立場は1900年代に至っても維持されていたことが分かる。「1937年に連邦内閣と州の合意でアボリジニに対する同化政策が決定された。そして1944年以降アボリジニの血が8分の1以下の人々はアボリジニの人口調査に含まれないことになった。仮に Islander がアボリジニでないならば，居留地は必要ない。そこで1945年に Reserve Act がたった5年間で更新された。Islander は島に農夫として残るか，本島に移るかを選ぶことができた。（中略）政府は Islander がローセストンに移り白人人口に吸収されることを望んだが，Islander は憤った[588]。」と近代に入って，Islander の立場が難しくなっていくことが Ryan によって説明されている。「Booth は Islander が"白人"でも"ハーフ・ケースト"でもなく"有色"で"性分の定まらない"人々であると考えていた。Islander は政府が彼らをアボリジニとは認めず，かといって他の誰もが彼らを"白人"とは認めないためにどこにも属せないと Booth に訴えた[589]。」と Ryan は Islander が陥っているパラ

586　Ibid, p. 223.
587　Ibid, p. 239.
588　Ibid, p. 247.

ドックスを指摘している。

　Windshuttle は「手軽で決定的な証拠として 1970 年代に記録された映画のインタビューで，バス海峡のコミュニティのメンバーが彼ら自身をアボリジニとして認識していないと発言している。最近の訴えで，本物のタスマニア・アボリジニの子孫はそのコミュニティにいる人々だと主張されているにも関わらず，その映画はアボリジナリティの重大な要素である，アボリジニとしての意識が不在であることを露呈してしまっている[590]。」と Ryan とは若干異なった指摘を行なっている。さらに Windshuttle は「仮に Robinson が残したアザラシ猟師たちの話が本当ならば，アザラシ猟師たちに先祖をたどるバス海峡のコミュニティの人々はアボリジニの子孫であるばかりでなく，アボリジニに対して残虐行為を働いた人々の子孫でもある。手短に言うと"アボリジニ・コミュニティ"は今日侵略者と被侵略者の両方によって具現化されている。このようなジレンマが近年の政治運動に歴史的な不当や不合理を訴える動機を与えている。アボリジニを殺した白人の子孫たちは現在被害者のアボリジニに賠償したいと考えているが，それは排他的なアボリジニ文化とアボリジニの歴史を愚弄することになる。これらの白人の子孫たちは，アボリジニ社会を崩壊させる役割を担ったにも関わらず，今度はアボリジニの歴史をどう歴史家が解釈するかをコントロールしたいのだ[591]。」とタスマニア・アボリジニのアイデンティティの難しさと，諸説混迷するタスマニア・アボリジニの歴史の源泉について触れている。これらの複雑な境遇の中で「タスマニアはタスマニア・アボリジニの子孫たちつまり Islander をはじめとする混血の人々を他のどの植民地や州よりも長く認めず否定してきた。その理由の一端として"1876 年以降タスマニア・アボリジニは生存していないはずである"との考えがあった[592]。」と Ryan は指摘している。

　タスマニアの近代について言えることは，最後の純血のタスマニア・アボ

589　Ibid, p. 248-249.
590　Windshuttle (2002) p. 432.
591　Ibid, p. 436.
592　Ryan (1996) p. 259.

リジニ死亡の伝説によって，生き残った混血のタスマニア・アボリジニの社会的立場がより困難になったという点である。政策面でも，混血のタスマニア・アボリジニに対する扱いは混乱している。一方でアボリジニとされ，一方でアボリジニではないとされ，しかし決して白人としては扱われないという彼らのマージナルな境遇が政策の混乱の中に現れている。

第4節　既存の定義の適応と限界

前章まででオーストラリアのアボリジニ，NT，タスマニアの歴史について論じてきた。初期のNTでは「(中略) この地域 (NT) のアボリジニ行政はほとんど空白のままにおかれた[593]。」と松山が指摘していた。NT初期はアボリジニ政策不在の時代と言える。中期にはNorthern Territory Aboriginals Act 1910[594] やAboriginal Ordinance Act 1911が制定される[595]。Reidが「NTにおける白人の継続的な滞在は，サウスオーストラリアが僅かに受け取る見返りのために政府が支払った大量の出費で維持されていた[596]。」としているように，構造上の必要性からアボリジニを隷属的な労働力として白人社会に組み込む体制が構築された。NTの後期はMcGrathが「最も顕著な第二次世界対戦の影響は，純血のアボリジニ，混血のアボリジニをよりオーストラリアの本流であるヨーロッパ人に統合したことである[597]。」と評している。第二次世界大戦中に軍事産業に従事したアボリジニの働きが評価されたことで，アボリジニが同等の権利獲得への意識を高めて行く時代であった。NTの近代はアボリジニが権利委譲を得るごとに，アンビバレントな結果を生み出している時代である。この具体例として，Floodが指摘した同等賃金獲得がNTでアボリジニ労働者の失業を招いたケース等を挙げた[598]。

593　松山 (1994) 67頁。
594　前掲書, 68頁。
595　Rowley (1986) p. 219., 松山 (1994) 71頁。
596　Reid (1990) p. 196.
597　McGrath (1995) p. 281.

第4節　既存の定義の適応と限界　121

　一方タスマニアの初期は「平和で協力的な関係を望んでおり，女性の連れ合いを得ることに熱心[599]」なアザラシ猟師たちと共に，概ね協調的なコミュニティが形成された時代だった。中期には Bigge の報告書[600]が受け入れられたことで，「(中略)ビックの報告書に基づいて，個人の企業家の厚遇，入植地の拡大，囚人の個人割り当ての増加などの政策を進めた[601]。」が決定され，タスマニアにも牧羊業が導入された。また政策決定の変化のみならず，中期は恒久的にイギリス人がタスマニアに入植してくることに伴って，イギリス法の対象として取り込まれつつも，同等の法的権限を持たない者として疎外された時期でもあった[602]。タスマニア後期は，Reynolds[603]，Ryan[604]，McGrath[605]，Windshuttle[606] が指摘したように，白人とタスマニア・アボリジニとの間で最も争いが激しくなった時期である。両者の衝突が激しかったため，次々と植民地府は政策を打ち出している。それらは Martial law，報奨金制度，Black Line，Friendly Mission として知られている。後期の争いを経て，タスマニアではアボリジニ人口が激減している。後期以降タスマニア・アボリジニは島々に居留させられ，最後の純血タスマニア・アボリジニとされる Truganini が 1876 年に死亡したことをもって絶滅したと認識された。しかし Ryan が指摘するように Islander という白人アザラシ猟師たちを父に，アボリジニ女性を母に持つ人々はタスマニアに生き続けた。Ryan[607] や Windshuttle[608] が指摘するように，彼らのアイデンティティは構築が難しく，現在でもタスマニアにアボリジニはいないと信じる人も少なくない。

598　Flood (2006) p. 215.
599　McGrath (1995) p. 312.
600　藤川（2004）56 頁。
601　前掲書，56 頁。
602　Ryan (1996) p. 73.
603　Reynolds (2001) p. 52.
604　Ryan (1996) p. 4.
605　McGrath (1995) p. 316.
606　Windshuttle (2002) p. 84.
607　Ryan (1996) p. 248-249.
608　Windshuttle (2002) p. 436.

上記のように NT，タスマニアの 2 つのケースを見ることで，明らかになることは NT においても，タスマニアにおいても"白人とアボリジニの関係や差別のあり方が時代によって変化している。"という点である。これは差別が人と人との関係，もしくは相互作用によって成り立っていることを考えれば極めて単純かつ当たり前の指摘であると言える。翻って 2 章で検討した先行研究の中で"差別は時代によって変化する"という現象がどのように取り扱われているのかを考えてみたい。

メンミ（1996）の理論では，根拠のない特権や支配を維持するために，正当化が行なわれ差別が発生する。正当化が後付けされるのであれば，当然状況によって，特権や支配を維持するための理論は変化し得る。メンミは正当化が文脈によって変化する様子を，反ユダヤ主義の歴史を辿ることで示していた[609]。「かくして歴史の教訓は明白である。人種差別は生物学にも経済にも心理学にも形而上学にも限定されるものではない。それはご都合主義の告発であり，眼前にあるもの，さらには眼前にないものさえ利用する。なぜなら，この告発は，必要とあらば，でっちあげもするのだから。人種差別が機能するためには一本の軸があればよい。何でも良いのだ。肌の色，顔の特徴，指の形，あるいは性格，風俗…。もしこれらが説得的でなければ人種差別は神話的な特徴を持ち出してくるだろう[610]。」と反ユダヤ主義の歴史を振り返った結果をメンミはまとめている。メンミが論じた差別の定義では，支配や特権という目的が先に存在し，後からそれを正当化する理論が作られるため差別の歴史を振り返ると一貫性のなさが露呈してしまうことが指摘されていた。確かにメンミは差別が変化するという事実を認識していたことがこの点からも明らかである。メンミは前述したように差別が論理的根拠を持たないことを論証するために，差別の一貫性のなさを例として差別の変化を示した。だが，差別の変化それ自体を，一般化した議論という点については不明確なままである。

性差別として江原（1985）を取り上げた。前述で江原は「本章で明らかに

---
[609] メンミ（1996）73-88 頁。
[610] 前掲書，80 頁。

第 4 節　既存の定義の適応と限界　123

したいのは，先のように「差異」の内容に詳しく立ち入り論じ分けることは，「差別」現象を明らかにすることには無関係であると言うことである。「差別」は「差異」を根拠にしていない[611]。」と差異を論じることと差別との関係性を否定していることについて取り上げた。江原は差異がいかに差別と関連しないかを「実際，様々な「差別」において，その「差異」の定式化はしばしば時代によって異なるし，その評価もまちまちである。それらの「差異」は当該社会において「正当」とされる価値観によって定義され直すのである。ジプシーに対する「差別」は中世社会においては「宗教的差異」を根拠としてなされ，今日においては「住民登録」のないことを根拠としてなされるというように[612]。」と説明した。このジプシーの事例からも分かるように，"定式化"という概念は，江原の中で差別の変化を捉えた部分であると言え，江原もメンミ同様差別の変化を事実として指摘しているのである。だが，江原はあくまで差別が差異と関連がないという論点を示すために定式化を取り上げただけで，定式化に関する議論はそれ以上明確にされていない。つまり差別の変化の一般化は江原の議論の中でも明確にされていないのである。

　上野（2002）は複合差別論の後半で，先行研究が得た「自己評価を高めようとする葛藤」に関する知見を階級・差別・民族・障害の 4 つの変数の相互関係 12 通りの概要で挙げていた。「ここで変数を四つに限定したのは私の非力のせいであって，他の変数が重要でないことを意味しない。他に重要な変数としては，年齢やセクシュアリティを挙げることもできる[613]。」とした上で，「これらのカテゴリー（年齢やセクシュアリティのこと）はどれも歴史的なものであり，したがってその重要度もまた歴史的文脈に応じて変化する。（中略）必要なのはむしろ，DNA や解剖学に還元されがちな決定論的思考や本質主義に対して，諸カテゴリーを徹底的に「歴史化 historicize」することであろう[614]。」という変数に関する指摘を行っている。これに関し

611　江原（1985）75 頁。
612　前掲書，85 頁。
613　上野（2002）262 頁。

て言えば,「歴史的な差別は,複数の次元の変数と結びついているために一元的な変数にカテゴリー化することがむずかしい[615]。」や部落差別が時代によって変化してきた歴史[616]を指し「だとすれば,特定の差別を超歴史化することで,逆説的に運命視してしまうより,当該の差別が置かれた歴史・社会的コンテクストのなかでのマクロ・ミクロ・ポリティックスを考えていくべきだろう[617]。」と上野が説明していたことは第2章ですでに取り上げた。差別の歴史的な経緯に注目すべき必要性を指摘していたことは,上野が差別の変化の重要性を認識していたことを示唆する。だが,複合差別論は差別の変化について,今後研究が展開される必要性を示した状態に留まり,それ以上は明確にされていない。

坂本(2005)の差別定義の中で特徴的な点は,告発という部分であった。告発で差別を定義することは「第一に,差別はある事象が差別であるかどうか自体がつねに争われると言う,基本的性格をとらえることができると言うことであり,第二に,差別を単一の実態的事象とみる必要がないということである[618]。」という利点が説明されていた。坂本が指摘した"差別の現象としての幅広さ"は変化している差別を包括する余地を見せている。このように「差別はある事象が差別であるかどうか自体がつねに争われる[619]」や「差別を単一の実態的事象とみる必要がないということである[620]。」という指摘は,坂本が差別の変化を視野に入れていたことを示唆する。しかし,坂本はそれ以上に差別の変化について明確に説明していない。

以上のように第2章で取り上げた代表的な各先行研究も差別の変化については事実として言及し,視野に入れつつも一般化に向けて明確な議論を展開してこなかったことが分かる。

差別の変化を取り扱ってきた先行研究の分野として,差別史などが挙げら

---

614 前掲書,262頁。
615 前掲書,262頁。
616 前掲書,262-263頁。
617 前掲書(2002)263頁。
618 坂本(2005)20頁。
619 前掲書,20頁。
620 前掲書,20頁。

れるだろう。例えば Benedict（1995）は宗教的な隔絶が人種差別へと変化していく過程を取り扱っている。Benedict を初めとした差別史は，個別の差別が様々な要因の影響を受けて現在の形に至る経緯を明らかにしている。差別史は，固有の差別の変化を捉えるには有効であるが，それはあくまでそのケース固有の変化に留まる。また極めて差別史に近くはあるが，より差別の変化に焦点を絞った研究として三橋（1975）がある。そこで三橋がどのように差別の変化を捉えているかについて触れたい。三橋は冒頭で「ここで，このノートの限定した目的に照らして，ことわっておかなければならない問題に若干ふれておきたい[621]。」と4点を挙げている。注目すべきは「第三に，あからさまな差別主義イデオロギーでない差別意識はダイナミックなものとぼくは考えている。ある意識を裸の形で取り上げて，それが「差別的であるか否か」と問うことを純粋に出来るものではない。あるものに関する意識が，ある関係の中で差別的になるのである[622]。」また「第四に，差別意識は，差別的な関係の中でそれを支え強化する意識だとすれば，差別的関係が問題となる。差別とは，ここでもダイナミックなものである[623]。」と三橋が指摘している点である。"ダイナミック"という言葉からも分かるように，三橋は差別の変化の存在を指摘している。その後の議論で三橋は，エタに対する差別や職業差別等の幾つかのケースがどのような歴史を経て形成されたか，という個別のケースを差別史的に明らかにしている。だが，差別のダイナミックについて明確に一般化や理論化を行なっていない。さらに「以上からぼくは，まず社会的分業によって分割された集団が，己の意味をどのように獲得し，他集団をどのように意味づけ，何を媒介として相互の関係を成立させていくのかという視点から差別意識をとらえなおそうと思う[624]。」と三橋の問題が特に"差別意識"に注目していることを宣言している。しかし，タスマニア，NT のケースが示すように差別のダイナミックは白人とアボリ

---

[621] 三橋（1975）17頁。
[622] 前掲書，18頁。
[623] 前掲書，18-19頁。
[624] 前掲書，19-20頁。

ジニの関係，恐らく両者の間に存在した差別意識，差別行動を介した相互作用などの全てを包括してのダイナミックである。そのため三橋のように差別意識に焦点を当ててしまうと，他の部分での変化を等閑視してしまう可能性がある。

　再度繰り返しになるが，差別は社会の中で発生した人と人との関係，相互作用によって発生する社会現象である。個人Aの行動が個人Bの行動に影響し，個人Bがその影響を受けて，再度個人Aに対する行動を起こす…ということが無限に繰り返されて物事が変化していく，という状況は日常生活でよく見られる。同様に差別も先行する行動が，別の影響を発生させ，別の追随する行動を喚起する…という相互作用を発生させ続けている。この前提を受け入れれば，人によって行なわれる差別が変化することはどの差別にも共通する性質であることは明白である。つまり差別が変化するという性質は，差別史という個別の差別の，個別の性質として捉えられるだけでは不十分である。差別が変化するという性質は差別一般に共通した性質として議論展開が為される必要がある事柄だと言える。なお佐藤・坂本の議論を引き継ぎ，第2章で本論の論旨として，差別のより明確な一般化を挙げた。よって，第2章の結論と第3章のケース分析を踏まえた結果，第3章で導き出された差別の変化という現象は差別全般に共通する事項として，掘り下げて理論化されるべき論点であると結論づけた。次章第4章から，差別の変化を一般化するために，自説を展開する。

第4章　動態的差別の仮説

第1節　動態的差別の仮説

1　差別の動態

　前節で差別は社会の中で発生した人と人との関係，相互作用によって発生する社会現象であり，動態的に変化していく存在であると結論づけた。坂本が「近年のセクシュアル・ハラスメントに始まって，今日差別されているほとんどの事柄は，最初は「専門家」が差別と規定したのではなく，「無知」な一般の人々が差別と告発したのではないのか。本書で，差別の定義を，告発という行為に依拠しておこなったのは，こうした価値評価や認識の共有を前提としないで，議論をおこなうためなのである[625]。」と指摘していたことはすでに挙げた。何が差別で，何が差別ではないのかは価値観に左右される。価値観は一般化できないので，必要以上に価値観の問題を拡大するつもりはない。しかし，差別が差別として社会的に認識される際に，人々，社会，時代の価値観が判断基準となっているのは事実である。価値観が判断基準であることは混乱を引き起こす。具体的な例としては，ある人種に属する人間を雇用しないのは，人種差別として説明され得るが，ただ単に条件がマッチしなかった結果としても説明され得る。

　ある人間とまた別の人間が意図的に交流を持たない，もしくはコミュニケーションを取ろうとしない，という状況でも同様のことは起こり得る。両者がお互いにコミュニケーションを拒否するのは，ただの偶然としてみなされる場合もあるが，個人的な価値観が合わないため交流に対して消極的であ

---

[625]　坂本（2005）30頁。

る場合，もしくは差別的な意識が引き金となっていた場合など様々な理由が成立し得る。仮に当事者がお互いに交流を拒否することの理由に差別を挙げたとしても，観察する人間によって解釈が分かれる。重要な差別問題として取り上げられる場合もあるだろうが，差別はよくないが放置しても構わないという見解を示す人間もいるだろう。当時者の交流拒否の理由に差別を挙げるのは，個人的な人間関係の衝突を隠蔽しようとしているだけとの見解を示すことも可能だ。個人の価値観の影響だけですでにこれだけ差別の取り扱いは変化し得る。個人の価値観に付け加えて，メンミが論じた後付けされた正当化[626]や，江原の論じた差別の定式化[627]を含めると差別という社会現象の捉えどころのなさは果てがない。つまり，単一の実体的事象と認識することや，差別が差別であるという認識を共有するのは非常に難しい。そこで本書では，このような差別の曖昧な現実を踏まえて，下記のように摸式として示した。

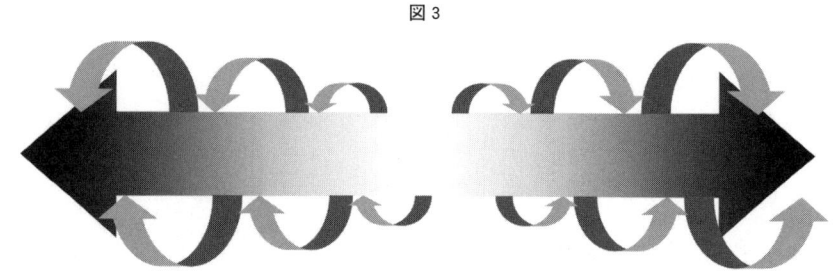

図3

差別が認識されない状態　　　　　　　　　差別が深刻な状態

注：スパイラル状の矢印は人と人，集団と集団の相互作用，相互行為を表す。

前述したように，可視可能な社会現象として表出する差別には様々な状況がある。すでに示したように，交流拒否のように個人的な人間関係の摩擦と判断がつかないようなケースから，1994年に起こったルワンダの集団殺戮のように国際問題に発展するようなケースまでと幅広い。差別の社会現象としての表出の幅広さを表したのが，摸式中の左右に伸びる矢印である。ほと

626　メンミ（1996）80頁。
627　江原（1985）85頁。

んどの差別は交流を拒否するというケースのように，差別として認識されない状態から，多くの人が深刻な差別であると認識する状況すなわち集団殺人等の間を循環していると想定できる。つまり人種差別という種類の差別の中で，差別を単一の現象として把握できないという変化以外にも，差別とは判断されない状況，差別と判断される状況との間を行き来する変化が起きている。第3章でアボリジニのケースを取り上げたが，アボリジニの差別のケースも同様の変化を見せている。NT，タスマニアのどちらのケースも白人とアボリジニが接触した当初から激しい差別を示していた訳ではない。時代の推移とともに差別は変化している。なお，中央の矢印の周りを取り巻くスパイラル状の矢印は，差別の変化を生み出す人と人，集団と集団の相互作用や相互行為を示している。次節から，より具体的に差別が社会現象として変化していく様子，また差別の変化を生み出す差別のスパイラルについて具体的に説明するため，基本仮説を展開する。なお，この議論はケースを元に展開されるので，現在のところオーストラリアのNTとタスマニアに限ったものであると言える。

2 区別 —第1の差別要素—

前節までで先行研究の批判，差別の変化が包括された理論の必要性について論じた。本節ではケースを元に，新たな差別の基本仮説について議論を展開していきたい。ここでは前述の摸式で示したように差別の変化をモデルとして論じるにあたって，差別を構成している幾つかの条件を挙げ，差別の要素として定義する。

まず人が差別を行う場合，最初のプロセスとして，何らかの区別が必要である。第1に自分自身を攻撃することは健常な状態では難しい。仮に自分自身に対する攻撃が実行されれば，それは差別ではなく自虐行為や自殺行為となり差別とは別の問題である[628]。そのため基本的な区別として他者と自分を

---

[628] 差別の内面化は「自己のアイデンティティを他者に依る」という点で自虐的に感じられる。しかし，それは積極的な自虐行為というよりは，むしろ権力に対する屈服といったほうが正しい。

区別する，というプロセスが差別には必須である。自分が他者と乖離したとしても，他者の中から一部の他者を区別し得る何かが存在しなければ，それは差別とは言い難い。無差別に自分以外のもの全てを攻撃するのであれば，それは外界に対する無差別な攻撃でしかない。このように考えていくと自分を他者と乖離させ，他者の中から，また一部の他者を抽出するというプロセスが差別では必須になっていることが分かる。差別は全体に向けた行為・行動ではなく，ある特定の集団をターゲットとして抽出している。よって，抽出の基礎となる区別は差別の必須要素であるといえる。ここで論じている区別とは，特定の基準を軸に対象としている集団の個を分けていく作業である。区別自体には，一切の心理的な動きを含まない。基準は，皮膚の色，話す言語，身長の高さという具体的なものから，特定の宗教を信じている，などの目に見えない抽象的なものにまで及ぶと考えてよいだろう。

集団を分ける際に無限の区分を設けることが可能である。しかし，差別の要素とされる区別は程度の差こそあれ，最終的には2項対立の状態にあるといえる。つまり，差別する側と差別される側という区別に集約できる。有吉（1967）が明らかにしたように肌の黒さはただの言い訳で，差別の根本的な原因は肌の色にない，という発見はこの2項対立的な思考によって説明できる。鈴木（1995）が金髪で白い肌のパート・アボリジニも差別を受けることを指摘していた[629]。つまり肌の色は問題ではなく，白人か，非白人かという2項対立が問題の核心なのである。

「イギリス政府はアボリジニを文明化された人々とは見なさなかったため，アボリジニを土地の所有者とは認めなかった。アボリジニは今やイギリス法によって取り扱われる存在であるが，市民権は持たないとされる。そしてアボリジニが彼らの土地を守ろうとする試みは，イギリス法によって犯罪として処理される[630]。」とRyan（1996）が示しているように，イギリス社会にイギリス法の対象として取り込まれつつも，同等の法的権限を持たない者としてアボリジニが疎外されたことを前述で指摘した。アボリジニの立場

---

[629] 鈴木（1995）104-115頁，110-111頁。
[630] Ryan (1996) p. 73.

はやはり白人のそれとは異なることが Ryan から見ることができる。またタスマニアの近代において，最後の純血タスマニア・アボリジニ Truganini の死亡が，混血の人々の存在をかき消したことについて説明した。「Booth は Islander が"白人"でも"ハーフ・ケースト"でもなく"有色"で"性分の定まらない"人々であると考えていた。Islander は政府が彼らをアボリジニとは認めず，かといって他の誰もが彼らを"白人"とは認めないためにどこにも属せないことを Booth に訴えた[631]。」と Ryan は Islander が陥っているパラドックスを指摘していたことについて述べた。このように混血の人々が非白人，かつ非アボリジニと判断されており，混血のアボリジニ独自の社会的立場に立たされてきたことが，タスマニア・アボリジニの歴史の中で大きな影響力を及ぼしてきたことは顕著である。

　NT の中期を論じた第 3 章 2 節 2 項で，Broome（2001）が「ダーウィンは典型的な植民地の町で，社会的にも，住空間的にも人種的順列に沿っていた。白人，植民地の支配層が官僚で雇用主であり，緑豊かなミリーポイントの良質な家に住んでいた。中国人たちは掘っ立て小屋に住み，社会の最下層に位置するアボリジニはカリン地区の小屋か，フランシス港のマングローブの茂みに住んでいた[632]。」と，あからさまな人種階級に則って構築された当時の社会情勢を説明していた。また人種階級が見られたのはダーウィンの街の中だけではなく，McGrath（1995）は牧畜業に従事する人々の様子を「典型的な大牧場はマネージャーと，牧童頭，会計係を含む 6 人ほどの白人を雇う。ストック・キャンプの指揮を取る 1 人か 2 人のパート・アボリジニ，そして 20 人以上の"リンガー"の役割をするアボリジニたち[633]。」と指摘している。これらタスマニアと NT のケースを見る限り，区別には複数のカテゴリーが存在しており，それぞれに異なった扱いが存在している。よってカテゴリーが 2 項対立という提案は現実と合致しないように見える。だが，白人以外は中国人も混血のアボリジニも，白人同等の待遇を受けられない立場に

631　Ibid, p. 248-249.
632　Broome (2001) p. 125.
633　McGrath (1995) p. 273-274.

いたことには変わりがないという点に注目すべきである。また南アフリカのアパルトヘイトのように白人，黒人，有色人種等の集団が入り混じった場合でも，非白人と定義された人々全てが白人同等の扱いを受けていない[634]。差別する側，差別される側の2つの集団に分けた場合，区別によって発生する集団は白人と非白人の2つのカテゴリーでそこにアジア人や混血といったような第2，第3の区別集団は存在していない[635]。そのため，区別は常に2項対立という提案は妥当だと結論づけた。

3　感情 —第2の差別要素—

人が行動する時，心理的な要因が常に働いている。だとすれば感情も差別を構成する上で必要である。そのため，差別の要素として区別に続いて，心理的要因について考えてみたい。一般的に差別の心理的要因といった場合，感情や偏見などが挙げられる。感情が行動を喚起した場合，そのような心理状況や行動に至った理由について本人が説明できる。偏見は感情同様に心理的要因である。偏見と感情が異なる点は，感情と比較すると偏見は行為・行動の主体が心理状況や行動に至った理由について説明できる度合いが低い点にある[636]。偏見は繰り返された経験によって習慣化・共有化され特定の心理状況に至っている。そのため，条件反射的に出現する偏見は，言語化して説明することが感情より難しくなる。偏見は出現のプロセスが感情と異なる。だが偏見も行動を喚起する心理的要因である。よって，偏見も差別の中で1

---

[634] ダーバンの海水浴場を例にすると，「白人専用」の海水浴場は市の海岸のうち約2マイルが提供されていたが，インド人（つまり有色人種）には4分の1が与えられたに過ぎない。しかし，ダーバンの人口比としては白人32万人に対してインド人は46万強だった。ダーバン北部のリチャーズ・ベイは白人と黒人それぞれ専用の海水浴場があった。世界で有数のさめの生息地であるこの海域で，白人専用の海水浴場のみにサメ防止の網が張られ，黒人専用の海水浴場には何の対策もされなかった。オモンド（1989）邦訳，59頁。

[635] 南アフリカでは，公式に4つの主要な人種集団があった。白人，黒人，カラード，そしてインド人の分類である。しかし，海水浴場の例が示すように，白人以外の集団に対しては何らかの差別が加えられていたことは当時の法律を見ても明らかである。オモンド（1989）邦訳，17頁。

[636] 固定観念が，概念装置として一部の思考を省いて労力を省いていることが指摘されている。マクガーティ他（2007）。

つの役割を果たしているといえる。

　差別を喚起するのはどのような感情か，ということについて議論するのは難しい。特に歴史上の事柄のように，過去の事であればその難しさはなおさらである。前述で McFarlen（2008）と Ryan の意見対立について触れた。「部族の名前はアボリジニ・アイデンティティにとって基礎的な要素であるが，それらは英語戯画に置き換えられた。Pevay は Napoleon，Trunganini は Lalla Rookh，Worrady は Count Alpha，Ty.me.nid.ic は Adolphus になった。そしてその他の者たちも同様に英名で命名され，Nimrod，Achilles，Hannibal，Cleopattra そして Barnaby Rudge などとなった。これはアメリカの奴隷農場の所有者による一般的な策略で，同時に部族のアイデンティティや誇りを打ち砕くものだった[637]。」と McFarlane（2008）はフリンダーズ島でアボリジニが英名で命名されたことを説明していた。ところが Ryan は「Truganini は彼女の父親が部族長で，彼女が Recherche Bay の部族の最後の1人であったことから Lalla Rookh と命名された。Oyster Bay の人々の部族長だった Tongerlongter はイギリスに君臨した King William をとって命名された。Robinson は名前を変えることによって彼らを混乱させるつもりではなかった。というよりむしろ Robinson はアボリジニの権力構成がヨーロッパ人のそれととても類似していることを理解させたかった[638]。」としていた。このように同じ事象をめぐっての解釈は様々ある。

　仮に当時の人間が日記や公的文章で行動に至った心理的要因を示すような記述を残していたとしても，それが社会的に共有されていたのか，本人の建前なのか本音だったのかを確かめる術は皆無である。このような例としては Arthur が日記に書き残した彼自身の見解と，当時の社会的風潮のギャップを挙げることができるだろう。McFarlane が「アボリジニの攻撃に対応するよう政府に求める世論が1828年の11月に戒厳令を発令するように Arthur 総督を導いた。戒厳令の発令は事実上の宣戦布告であり，3年間継続された。宣言されている地域で見つかったアボリジニは合法的に射撃さ

637　McFarlane (2008) p. 186-187.
638　Ryan (1996) p. 184.

れることを意味した[639]。」という説明を行なっている。Arthur 総督は政策に反対だったとWindshuttle（2002）が指摘している。「Arthur 総督はこの決定に満足していなかった。1828 年 1 月"白人住民の怒りを鎮めることが私にはできない。だからこそアボリジニたちが公然の敵として政府に認識されてしまう前に妥協しなければならない。"と Arthur 総督は書き残している。しかし Arthur 総督の戒厳令発令によって白人入植者はアボリジニを"公然の敵"と認識した。戒厳令は和解のための政策として多大な失敗を引き起こしたにも関わらず Arthur 総督はロンドンに向かって彼の意図するところはアボリジニの絶滅ではなく，入植地からアボリジニを撤退させることだったと伝えている[640]。」とし，Arthur 総督の意図が実際に植民地の中で起こったこととは真逆だったことについて第 3 章 3 節 3 項で述べた。

　差別の動機を憎しみや見下しと断定することは短絡的である。差別が意図的であったかどうか，という点が差別をめぐる議論で頻繁に問われている。仮に差別者が攻撃的な感情を自覚してなかったとしても，差別行為を「当然」もしくは「重要ではない」と認識していたのであればそれは差別行為を喚起するに足る心理状態である。よって，差別において何らかの感情が構成要素として存在し得る，という点については認めるべきであると結論づける。意識的な差別も，無意識の差別も特有の感情が心理的要因として差別行為ないし差別行動を喚起している。

4　行為と行動 ―第 3 の差別要素―

　差別は区別，感情によって喚起された行動が実行され，差別行動として外的に可視可能となる。行為は外的に観察不可能だが，行動は観察可能である[641]。行動は行為と比較して，集団化することが多い。なぜならば集団的な差別に発達するには共有化が欠かせない。共有には区別と差別行為を喚起す

639　McFarlane (2008) p. 138.
640　Windshuttle (2002) p. 150.
641　安田三郎他編（1980）において行為とは可視不可能なもので，行動とは可視可能なもの，という定義を引き継いだ。

る心理的要因の言語的伝達が必須であり，その共有のプロセス（行動）は可視可能である。さらに，行動は行為よりも解消されにくい傾向がある。個人の感情を変えることより集団全体の感情の変化は時間がかかるためである。また，行動の一端として差別を喚起する特定の区別や感情を支援する制度の設立なども挙げられる。その例としては，「戒厳令つまり"通常権力の行使が不可能となった場合軍事力の発動を特定の地域に許可する法律"である。戒厳令は入植地域でアボリジニを見かけた場合，兵隊が逮捕もしくは射撃することが可能なことを意味した[642]。」というタスマニア・アボリジニに対するMartial Lawや，「軍の発動は今や遠隔地にも及んだ。1830年，大人のアボリジニ1人の捕獲に5ポンド，子ども1人の捕獲に2ポンドという報奨金が導入された[643]。」というタスマニア・アボリジニに対する報奨金もそれにあてはまる。NTでは，McGrathが指摘した「Aboriginal Ordinance 1911の下，ダーウィン・アリススプリング等の街のアボリジニは雇用主と住むか，カリン地区に住まなければならなかった。アボリジニ保護官長スペンサーは日没から日の出の間に外出することを許さず，規則が破られた場合には一晩の禁固刑を科した。アボリジニはダーウィンを許可なしに離れることも，立ち入ることも許されなかった[644]。」という制度を挙げることができる。このような制度が成立すると，差別は社会システムとして長期間留まる。社会的なシステムや制度は一度成立すると，解除することが難しい。また社会システムや制度に反逆することは，逸脱者としてのリスクを負うことになる点も・・行動の結果構築された制度が変更，撤廃されにくい理由の1つになるだろう。制度の成立が差別の定着に及ぼす影響もあるがそれについては次節でより詳しく説明することにする。

5　表記方法

すでに差別を構成する要素については，区別，感情，行動を挙げた。そこ

642　Flood (2006) p. 84.
643　McGrath (1995) p. 320.
644　Ibid, p. 276.

でこれらを組み合わせて，どのように差別の変化を表現するかということに焦点をあてて考えてみたい。本書第2章で検討した先行研究の差別定義のほとんどがそうであったように，差別は通常言葉で表されている。メンミ（1996）は人種差別の定義を「人種差別とは，現実のあるいは架空の差異に，一般的，決定的な価値づけをすることであり，この価値づけとは告発者が自分の攻撃を正当化するために，被害者を犠牲にして，自分の利益のために行うものである[645]。」としていた。坂本（2005）の定義は「差別とは，成員のカテゴリー間の同一性にかかわる正当性の基準に基づいて告発された事象である[646]。」や「差別は同一社会内で一致すると想定されている異質な規範感のずれが，成員により告発されあらわになった，社会現象である[647]。」とされていた。さらに坂本（2005）は既存の定義を「差異による定義」，「不利益による定義」，「平等による定義」と3つに分けて推敲していたが，これら3つに分類された先行研究の差別定義も文章で表現されていた[648]。上野（2007）の複合差別論は，属性の組み合わせによって個人の経験が記述されているという点で，文章によって表現された差別である。また江原（1985）の表1，図1のように図による表現も存在する。しかし，本書では差別の変化と言う論旨のため先行研究が用いた表現形式とは異なる表現方法を提案したい。差別が変化するという状況は次に発生する出来事がその後の出来事へと影響を及ぼしながら連鎖していく状態である。例えばNTでは，アボリジニ政策の制定がアボリジニを白人社会に隷属的労働として組み込んだ，という関連性に見ることができる。前時代の出来事が後世の出来事へと連鎖している。その状況は数列であらわされる状況に似ているといえる。例えば，前の出来事が後に発生する出来事に影響を及ぼす関係を表した数式的記述としてKurt Lewinの「場の理論」がある[649]。Lewinは行動を$B=f(P, E)$の関数として表した。Bは行動，Pは人，Eは環境を意味している。これは人

---

645 メンミ（1996）98頁。
646 坂本（2005）19頁。
647 前掲書，24頁。
648 前掲書16-17頁。
649 Lewin. (1956)

の行動が人の状況，環境によって変化する，という機会的な相互ダイナミックを簡潔に表現している。より詳しくこの一般式を考えると，人がB（行動）をP（人）とE（環境）に基づいて起こした結果，B（行動）を構成する変数P（人）とE（環境）自体が変化する。そして変化した変数P（人）とE（環境）によってまたB（行動）が変化していく，という3つの変数の力学的な関係や相互作用を論じることができる。差別という社会現象が絡まりあった変数の力学的な作用の結果ならば，構成要素だけを明らかにするだけでは不十分であり，互いの構成要素の関係性も同時に明確にする必要がある。だとすれば，言語による定義や図による表現よりも構成要素間の関係が同時に論じやすい数式による表記が優れている。しかし，数式で論じたとしてもそれは各項同士のつながりがプラスやマイナス，ましてや÷や×と言った符号では，示せない。実際の数式のように数値を計算することは不可能だ。そこでLewinのアイディアを適用した結果，次のようになった。

$$差別行動 = f（区別，感情，行動）$$

補足として，差別の基本仮説の成立，差別要素の成立が必要である。区別，感情，行動のうちどれか1つが欠けても差別を論じることはできない。また，それぞれの差別要素は従属変数としての関係を持つ。例えば，感情について取り上げてみよう。集団Aと集団Bがお互いの存在を知らない場合両者の間に特定の感情が発生することはない。さらにたった1人の人間しか存在しない空間では彼と彼以外の存在を分かつ区別は存在し得ない。区別が成立しないためこの空間では差別の式は成立しない。この差別の仮説が成立するためには最低限2人以上の人間が近い距離に存在することが必要である。行動・行為等をお互いに及ぼすことが可能な範囲に存在していることも必要な条件である。なお，差別行動とは別に差別行為においては，下記のように表されるのがふさわしいと考えた。

$$差別行為 = f（区別，感情，行為）$$

第2節　差別の変化

1　区別と感情のスパイラル

　差別の変化を論じる概念として，差別要素のスパイラルと差別行動自体のスパイラルについて論じたい。なお，差別要素のスパイラルは差別要素の区別，感情，行動の3つの組み合わせで3種類が存在する。まず差別要素のスパイラルとして，区別と感情のスパイラル，感情と行動のスパイラル，行動と区別のスパイラルについて説明し，その後差別行動のスパイラルについて説明する予定である。

　区別を説明する第4章1節2項において，区別が差別の対象を抽出する第1のプロセスとして必須であることを説明した。自傷行為，外部環境に対する無差別な攻撃を避けるためにも，外部にターゲットとして抽出可能な区別を設けることは差別の基本である。区別には適当なターゲットの抽出という役割以外にも，もう1つ重要な役割がある。それは区別によって感情的に相手の立場と自分の立場を別々に位置づけ，異なる扱い，つまり差別を可能にするという役割である。これは表面上には行動としてしか確認できない。しかし，心理的要因が行動によって喚起されることを考えれば，差別を可能にする心理，つまり区別と感情のスパイラルの結果，差別を可能にする状態が整えられている必要がある。例えば，"XとYは同等である"という状況を心理的状態として想定してみよう。するとこの感情が仮説の感情部分に代入された時点で，前項のX・Yという区別が，個人が代入した変数によって否定されてしまう。つまり，オーストラリアのケースにおいて白人とアボリジニが同等という変数は，$X = Y$であり，変数の成立によって前項のXとYの区別が成り立たなくなってしまうのである。このような変数の代入では，差別の基本となる区別自体が消滅するので差別が成立しないといえる。

　特殊な変数を示す例としては，タスマニアの初期が挙げられる。「新たな訪問者に対して警戒したものの，結局アボリジニはカンガルーやアザラシの毛皮とタバコ，小麦，茶を交換する取引を始めた。後に女性たちの性的な

サービスを供給する見返りとして，猟犬や小麦，他の贈り物の交換が行なわれた。このような新しい結婚の形式が伝統的な結婚の形式に平行して行なわれ，相互の利益を満たした。アザラシ猟の猟師は，大きな土地や永久的に滞在する土地を求めなかったのでアボリジニと協働的な関係を築く余地があったといえる[650]。」とMcGrathで白人とタスマニア・アボリジニの交流が論じられていることはすでに指摘した。女性の性的サービスがタバコ，小麦，茶と対価というのは現在の価値観から見て少し違和感がある。しかし，取引が繰り返し成立したからには両者が取引関係を維持するのに十分な満足を得ていたことは確実である。仮にどちらかが満足しておらず，強制的に取引に応じさせられていたのだとしたら，それだけの力関係の不均衡がその関係には存在する。力関係の不均衡が一方に強制力を持つほど強いにも関わらず対価を支払っていた，というのは不自然である。よってこの取引関係は双方の希望によって，維持されていたと考えるのが自然である。つまり，両者の関係はこの取引から見る限り対等で彼らの関係はX（白人）＝Y（アボリジニ）だったと言える。この時代，アボリジニ女性に対する需要がタスマニアの中で高まったことで「時折女性たちは部族の罰則から逃れるためにアザラシ猟の猟師たちと留まることを好んだ。同時に彼女たちは政府の代理人によって連れ戻されることも避けていた[651]。」や「女性を取引した結果アボリジニの男性たちは伴侶を見つけるのが難しくなり，女性たちに頼っていた食事などの面でも深刻な困難に直面させられることになった[652]。」という指摘がされている。前掲したようにMcGrathによって「このように地元経済とアボリジニグループ間の関係はアザラシ猟師から利益を得るために変容した可能性があると言える[653]。」というアボリジニ社会の変化が論じられたが，差別と見られるような白人とアボリジニの間の摩擦は発生していない。

　一方NTの中期を論じた第3章2節2項で松山がAboriginal Ordinance

650　McGrath (1995) p. 312.
651　Ibid, p. 315.
652　Ibid, p. 315.
653　Ibid, p. 312.

1911の概要について「プロテクターはNTのすべての街からアボリジニおよびハーフ・カーストを排除しリザーブに収容する権限，ハーフ・カーストの子女を施設に収容し英語による教育を施す権限，18歳未満のアボリジニおよびハーフ・カーストの法的な後見人となり彼らの財産を管理する権限などをもった[654]。」と説明していることをすでに取り上げた。この一連の法的規制を，保護と見るか差別と見るかは，視点によって異なるだろう。しかし，基本的にアボリジニ政策の中心であるリザーブの目的は「このように徹底してアボリジニを管理したのは，かれらを文化的に白人化しようとしたからである[655]。」という点にあり，アボリジニ文化の否定[656]が鈴木（1995）に論じられていた。白人がアボリジニを「Y（白人）≠ X（アボリジニ）」として，アボリジニ文化を否定した。アボリジニを白人に近づけなければいけないという感情がNTのAboriginal Ordinance 1911の徹底したアボリジニ管理や，リザーブへの強制収容を可能にしている。

　例えば現行の法律において，禁治産者や準禁治産者などが同一属性を共有する集団内の異なる扱いと考えられる[657]。禁治産者や準禁治産者は，同一属性以外に独立した法的手続きを取るための能力が不足している，という同一属性＋αの状態であると言える。そして，このαによってこれらの管理政策，つまり他の集団構成員とは異なった取り扱いの合理性が維持される。例えば，「禁治産者なので別途の保護や手段が必要だ」等の言い分がそれにあたる。同様に何か異なった属性がなければ，異なった扱いを実行するための感情が喚起・肯定されない。その点で，区別と感情のスパイラルは，区別によって感情的に相手の立場と自分の立場を別々に位置づけ，異なる扱い，つまり差別を可能にするという役割を果たすのである。

---

[654]　松山（1994）71頁。
[655]　鈴木（1995）25頁。
[656]　前掲書，21頁。
[657]　構成員全てが同一の社会的・文化的出自を共有している集団の中に，禁治産者や準禁治産者などがいた場合を想定している。

2　感情と行動のスパイラル

　行動の背後で常に何らかの心理的要因が働いていることについては，第4章1節3項で論じた。直接差別に影響する感情がどのようなものであるか，ということを現時点で限定し定義することはできない。しかし，感情と行動がスパイラルを生み出し，お互いに影響しあっていることは説明できる。例えばNTの中期において「第一にヨーロッパ人は"劣った"アボリジニは，どこをとってもヨーロッパ人と等しい賃金を得るに値しないので，低い賃金で雇っていると主張した[658]。」とBroomeが当時の世論について言及していた。だが，これは他の先行研究と照らし合わせた結果，アボリジニが低賃金で働かされる根拠を正確に説明していないと第3章2節2項で説明した。繰り返しになるがNTの厳しい環境の中で事業は採算が取れず，NTは利益を上げることができなかった。そこで，白人社会は，アボリジニを労働力として買い叩くことで帳尻を合わせる，という方策を取った。その裏づけとしては，McGrathの「牧畜産業は南の市場と競って成功を見込むことができなかった。貧しい牧草地，牛を犯す病気，水不足と労働者の不足，そして外部との距離。政府の協力と援助なしには生き残りがほとんど不可能だった。アーネムランドの幾つかのステーションは20世紀初頭に完全に失敗した。一方多くの白人がアボリジニの不払い労働に頼ることによって生き延びた[659]。」という指摘を挙げた。本当の根拠はどうであれ，"アボリジニは劣っている"という白人の感情が，アボリジニを白人労働者よりも破格に安い賃金で働かせるという行動を正当化している。これは，感情と行動のスパイラルの具体例の1つである。

　またNTの中期においてNTでは，McGrathが指摘した「Aboriginal Ordinance 1911の下，ダーウィン，アリススプリング等の街のアボリジニは雇用主と住むか，カリン地区に住まなければならなかった。アボリジニ保護官長スペンサーはアボリジニが日没から日の出までの間に外出することを許さず，規則が破られた際には一晩禁固の刑を科した。アボリジニはダー

---

[658] Broome (2001) p. 128.
[659] McGrath (1995) p. 274.

ウィンを許可なしに離れることも，立ち入ることも許されなかった[660]。」という制度について再考したい。この指摘には2つの部分がある。1つは外出禁止が規則として存在したこと，そしてこの規則を破った場合の罰則として一晩の禁固が定められていたことである。仮に外出の禁止だけが独立した規則として存在したとしても，それを実行するための制度が整っていなければこの規則は守られない。規則を守らせるためには，外出者がいないか巡回し，監視する者，また罰則が必要である。制度や規則が行動によって作られると，順守させるための制度や規則が作られてその制度や規則を守るべきだという感情を喚起するための行動が付随する。これは感情と行動のスパイラルが起こす作用の1つであるといえる。

別の作用としては，取られた行動によって感情が変化する，という点である。例えばタスマニアの後期に取られた政策の1つとして第3章3節3項で取り上げた報奨金について考えてみたい。報奨金とは，タスマニア・アボリジニを捕獲した際に支給されたもので，「1830年2月25日Robinsonが旅に出発した直後，Aborigines Committeeが生きたままタスマニア・アボリジニを捕獲した場合，報奨金を支給すると決定した。報奨金の額は生きたまま連れて来られたタスマニア・アボリジニの大人1人に対して5ポンド，子ども1人に対して2ポンドだった[661]。」とされていた。この政策が決定された後，人々はこの政策が制定される以前と同様にタスマニア・アボリジニを認識していただろうか，という疑問がある。社会という場の性質上，全ての人がアボリジニに敵対的な感情を抱いていたわけではないと想定できる。しかし，報奨金の制度が発布され，アボリジニを捕獲することで金銭が獲得できる場合，アボリジニを捕獲できる機会に遭遇した時，人はどう反応するのだろうか。捕獲して，金銭を得ようという欲望を抱いたとしても不思議はない。さらに仮にこの法律が「アボリジニを見かけた際に捕獲しなければ違法であり，捕獲して引き渡せば報奨金を得ることができる。」というものであった場合，アボリジニを人間として対等に取り扱うことは非常に難しくな

660　Ibid, p. 276.
661　McFarlane (2008) p. 139-140.

る。なぜならば，アボリジニを普通の人間として扱い，彼らの自由を尊重することが違法で，彼らを害獣のように捕獲して引き渡すことが合法とされているからである。このように社会システムや法制度の設立（行動）は，感情に変化を及ぼし，特定感情の共有化を促進する効果を持っている。これもまた感情と行動のスパイラルの作用の1つである。

3　行動と区別のスパイラル

　行動が開始されることで，差別集団と被差別集団の行動に違いが出てくる。行動自体は可視可能なので，メンバーがその集団のルールに則ることで忠誠を示しているか，否か，という確認が容易である。そのため，行動の監視が坂本が示した白人以外とは踊れない白人学生の例のようにサンクションを伴い集団員のアイデンティティの確認に使用されることがある。集団の一員としての地位を保つために，集団構成員の行動が画一化されていくことになる。それに伴って「メンバーとしての地位の維持 → 画一化された行動 → 区別の強化」という流れができ上がっていく。より基本的な行動と区別のスパイラルとしては，「行動が特殊な状況を集団に共有させる（行動による区別の強化）→ 被差別集団を攻撃することが容易になる（区別による行動の強化）」という流れも存在する。例えばタスマニア本島で捕獲されたアボリジニは遠方の島へ送られた。「Bruny Island Mission は1831年に失敗し，生き残った人々はガンキャリエッジ島へ送られた。しかしそこでもタスマニア・アボリジニは病や，うつ病，拘留等で死亡した。フリンダーズ島に居留地が設立され1835年に123人が移り住んだが1838年までに59人が死亡している[662]。」と McGrath は指摘している。さらに，後期のタスマニア・アボリジニを駆逐する政策を経た後，McFarlane が「1834年以降，タスマニアにアボリジニは残されていない。彼らを追い出すプロセスは完了した[663]。」と指摘していた。タスマニア・アボリジニは政府の管理下で一定の居住区に強制的に住まわされるという状態を共有した。"遠方の島々に住む人々＝タスマ

662　McGrath (1995) p. 323.
663　McFarlane (2008) p. 164.

ニア・アボリジニ"という属性の共有化が，行動によって実現している。タスマニア・アボリジニの運命はほぼ白人の手中に納められており，島へ必需品の供給を停止するだけで白人たちはタスマニア・アボリジニを殺害できた。このタスマニア・アボリジニの境遇は行動と区別のスパイラルが引き起こした具体例の1つであるといえる。

　行動から区別に対する影響という方向に限らず，区別から行動という影響もあり得る。これは，「区別 → ターゲットの明確化 → 行動を容易にする → 行動が普及しやすい土壌を作る。」という形で流れを作り出している。この具体例として，純血のタスマニア・アボリジニ，混血のタスマニア・アボリジニの境遇を考えてみたい。「Truganini は実のところ最後に死亡した"純血のタスマニア・アボリジニ"ではなかった。カンガルー島に Suke という女性がケープ港から連れられてきて，アザラシ猟師たちによって形成された古いコミュニティに住んでいた。Suke は1888年に死亡している。いうまでもなくアボリジニにとって Truganini は闘いと生き残りの象徴であり，白人たちにとってはタスマニア・アボリジニの絶滅を論じる際に役立つスケープゴートとなった。Truganini の死亡と共にほとんどの白人たちはタスマニアのアボリジニ問題は終結したと考えた[664]。」とされている。つまり，区別を論じた第4章1節2項で具体例として挙げたように，純血のタスマニア・アボリジニと混血のタスマニア・アボリジニを別物として捉える区別が存在する。そしてその区別こそが混血のタスマニア・アボリジニを純血のタスマニア・アボリジニが辿った「絶滅」という運命とは別に，「存在の末梢」という運命に追いやった。言い換えれば，タスマニア・アボリジニを純血と混血で分離するという区別が，「あなたたちはアボリジニではない。なぜならタスマニア・アボリジニは居ないのだから。」と混血のアボリジニに対して白人社会が発言することを可能にしている。

　第3章3節4項でもすでに触れたが，混血のタスマニア・アボリジニは非白人，非純血のタスマニア・アボリジニとして認識されることで，困難な境

664　Ryan (1996) p. 220.

遇に直面する。混血のタスマニア・アボリジニが直面する困難のほとんどは，彼らがどこにも分類されないという区別に関連した問題であることが多い。例えば「1937年に連邦内閣と州の合意でアボリジニに対する同化政策が決定された。そして1944年以降アボリジニの血が8分の1以下の人々はアボリジニの人口調査に含まれないことになり，この決定がIslanderをアボリジニとして認識することを疑わせた。仮にIslanderがアボリジニでないならば，居留地は必要ない。そこで1945年にReserve Actがたった5年間で更新された。Islanderは島に農夫として残るか，本島に移るかを選ぶことができた。（中略）政府はIslanderがローセストンに移り白人人口に吸収されることを望んだが，Islanderは憤った[665]。」と近代に入って，Islanderの立場が難しくなっていくことがRyanによって説明されていることを取り上げた。「BoothはIslanderは"白人"でも"ハーフ・ケースト"でもなく"有色"で"性分の定まらない"人々であると考えていた。Islanderは政府が彼らをアボリジニとは認めず，かといって他の誰もが彼らを"白人"とは認めないためにIslanderがどこにも属せないことをBoothに訴えた[666]。」とRyanは指摘した。Ryanが示すように，Islander及び混血の人々はアイデンティティ確立の難しさを共有している。逆の視点から見ると，差別者は混血の人々がアイデンティティを確立するのが難しい環境を共同で作り出す行動を取っていると言え，これは区別と行動のスパイラルの結果だと言える。

4 差別要素のスパイラルと補足

前項までで各要素とスパイラルについて論じてきた。本書では詳しく取り上げなかったが，他にも行動が行動を呼ぶスパイラル[667]のように，同一の

---

665 Ibid, p. 247.
666 Ibid, p. 248-249.
667 前述でBlack LineとFriendly Missionがお互いに影響を及ぼしあっていたことをWindshuttle (2002) が指摘している点についてはすでに挙げた。「無関心の理由の一部として，Robinsonが不在の際にアボリジニに対する政策が変更されていたことが挙げられる。和解は何の成果も生み出さなかったので，政府はBlack Lineで植民地の南東から掃き通そうと準備していた。」(Windshuttle (2002) p. 211.) とされており，Friendly Missionの成果が思うように上がらなかったことが，Black Lineの実行に拍車をかけたことが分かる。しかし，Black Line

差別の要素同士が別の現象を発生させる，という変化もありえる。スパイラルを正確に全て列挙することは非常な時間を要し，事柄によってはさらなる議論が必要である。だが，総じて言える事は区別や判別がつくほどの違いがあるという第1のプロセスを満たしている場合，差別は常に強化し始める可能性をもっているという点である。区別を理由にして「切り離し→自分とは違う扱いの正当化」が行なわれた場合，スパイラルを強化する動機はたくさんある。しかし，逆にスパイラルを止める基盤は僅かである。スパイラルの動きを止めようとすると，根本的に"同じ"という点に立ち返る必要がある。この"同じ"という視点に立ち戻ったことによって歴史の中で変化が起きていることが確認できる例として，「軍事産業内でのアボリジニたちの働きぶりに対する肯定的な報告により，NTの政府によって検討された結果，1947年1月に牧畜家たちと会議が開催された。会議で週12 1/2シリングから20シリングの間に賃金を上げることが推奨された[668]。」というBroomeの指摘を取り上げたい。NTの後期に，軍事産業に従事したアボリジニが白人同等，もしくは白人以上の働きぶりを見せたことによって，アボリジニは白人同等の扱いを獲得するきっかけを掴んでいる。つまり，アボリジニは白人同様に働く人材なのだ，という意識がアボリジニの社会的地位の向上，後には賃金に対する差別の撤廃に繋がった例であるといえる。

　しかし，人が2人存在している時点で，これら2人の人間の存在は同じではない。2人の人間の存在が認識された時点で，これらは異なる存在なので

　　はすでに前述で述べたように惨憺たる結果で失敗に終わった。「12月中旬までにスワン島の居留地に33人のアボリジニがいた。Friendly Missionの成果は，Black Lineに比較して相当良かったといえる。」(McFarlane (2008) p. 147.) と指摘がある。結果「Robinsonの成功は，委員会が長期・短期両方の設定で，これからFriendly Missionによって連れてこられるアボリジニの人々同様，すでにスワン島に交流された人々を処理していく計画が必要なことを意味した。」(McFarlane (2008) p. 147.) 政策が実行された後，Friendly MissionからBlack Lineへ，Black Lineの失敗からFriendly Missionへと政策の重点が変化している様子が伺える。政策の重点が変化していると同時に，政府があの手この手でタスマニア・アボリジニを駆逐しようと必死な様子が見て取れる。これはBlack Lineという行動が別の行動つまりFriendly Missionの影響で発生し，Black Lineの結果がさらにFriendly Missionやその後の行動に影響を及ぼした，と言う点で行動が行動に影響するスパイラルであるといえる。
668　Broome (2001) p. 141.

ある。当然のことながらすでに存在が異なる2人の人間に対して，"違う"ということを指摘するのは簡単である。僅かでも違う部分に対して攻撃する意思が発生してしまえば，差別のスパイラルが発生する可能性がある。そして正当化の方法も強力である。"アボリジニは肌の色が黒いから我々白人とは同じではない" "アボリジニは文化を持たない野蛮人だから我々白人と同じではない"や"アボリジニは白人のようにきちんとした教育を受けた人々ではない"等と言い出してしまえば限りがない。"同じである"という視点に立ったとしても，実際には同じではない点が確実に存在するため，"同じ"を指摘する理論は常に不完全である。膨大に"違う"が指摘できる"違う"の理論の前に"同じ"を指摘する理論は弱い[669]。つまり，差別のスパイラルは，区別による対象の切り離しを発端に，全てのスパイラルに繋がる形で引き起こされ得る。また，"違う"の理論に対して"同じ"の理論が常に不利であるがゆえに，差別は強まり易い性質を持つことが結論づけられる。

5 差別行動自体のスパイラル

前項までで差別要素のスパイラルについて論じてきた。差別の動態的な性質を論じるものとして，もう1つのスパイラルが論じられる必要がある。それが差別行動自体のスパイラルである。この差別行動のスパイラルは，差別の拡大や縮小を論じるときにより明らかになる。例として区別＝D1，感情＝E1，行動＝B1とする。すると基本仮説に当てはめた際，導き出される解はf（D1, E1, B1）＝DB1となる。DB1が社会現象として表出した時点で社会的に影響を及ぼし変数に変化が起きる。そこで変化が区別＝D2 expansion，感情＝E2 expansion，行動＝B2 expansionとなった場合f（D2 expansion, E2 expansion, B2 expansion）＝DB2 expansionであり，DB1＜DB2 expansionである場合は差別の拡大が論じられる。逆に差別行為DB1の社会的現象が変数を区別＝D2 reduction，感情＝E2 reduction，行動＝B2 reductionと変化させた場合，差別行為はf（D2 reduction, E2 reduction,

---
[669] 江原（1985）が同様の指摘を70頁で行なっている。

B2 reduction）＝DB2 reduction となり，DB2 reduction ＜ DB1 であった場合差別の縮小が論じられる。このように差別行動自体が発生した時点で，差別行動が社会に影響を与え，差別の要素に代入される変数が変化し，差別がまた変化を見せる，という関数のループを本書では差別行動自体のスパイラルとした。

　差別行動のスパイラルを観察することは，差別の拡大や縮小のみならず，差別の時系列的な変化を追うことにもなる。既存の先行研究において，時系列に沿った観察はほぼ2点間，つまり過去と現在の比較を通じて行われている。既存の比較は DB・Past（過去）と DB・Present（現在）の比較で論じることができる。さらに，動態的差別の仮説では数列的に DB0, DB1, DB2, DB3, DB4…と変化が起こることが想定できるので，連続的な差別の変化を視野に入れた議論も可能である。この差別行動のスパイラルを，NT とタスマニアの例に当てはめてみよう。

　NT 初期は，白人の支配が極めて弱い，アボリジニ政策が空白の時代だった。2つの集団がお互いの感情や，行動・行為によって相互関係を築くには不十分な状態であったといえる。そのため第4章1節5項で論じたように差別の仮説が成立するための前提が満たされていないので，差別の仮説で NT の初期を表現することはできない。NT の中期では白人の支配が開始され，白人とアボリジニは相互作用を及ぼしあうのに十分な距離にあったといえる。そのため区別や感情，行動といった変数が成立し，動態的差別の基本仮説の適用が可能である。

　NT の中期の特徴として第3章2節2項で2点を挙げた。第1に，McGrath[670] が指摘したように，NT の入植初期においては政府に肩代わりされてきた NT の維持費が，アボリジニの不払い労働によって捻出されるようになった点が挙げられる。そのため法的な規制も労働条件を規定するものが多く，アボリジニの不払い労働なしに NT の社会は成り立たなかった。第2に，このようなアボリジニに対する労働力としての強い需要が彼らを社会の

670　McGrath (1995) p. 274.

中に組み込む促進力となっている点である。特に NT のように白人とアボリジニの人口比がアボリジニに傾いている社会では，アボリジニの労働力が欠かせなかったため，入植初期に他の植民地で行なわれたようなアボリジニの駆逐は起こらなかった。だが，その反面 Broome が描いた当時のダーウィンの情景[671]や McGrath の大農場における労働者の人口構成[672]が指摘したように人種によって階層化された社会が構成された。アボリジニは，階層化された社会の中で底辺として組み込まれ，労働者として搾取される境遇にあった。このことを差別の仮説に当てはめると，差別の要素は，

- D 中期＝白人≠アボリジニ
- E 中期＝労働力としての需要（主に牧畜産業において）
- B 中期＝ Aboriginal Ordinance Act 1911 等のアボリジニに関する法規定

と考えることができる。そのためこれを動態的差別の基本仮説に代入すると，

アボリジニの隷属的労働
　＝ f（アボリジニ≠白人，労働力としての需要，アボリジニに関する法規制）

となり DB 中期＝アボリジニの隷属的労働となる。しかし，後期になり第二次世界大戦後アボリジニに対する差別がストライキ等で撤廃されていくことを第 3 章 2 節 3 項で論じた。この変化は，アボリジニが軍事産業に従事し，「彼らは食事，家，服を支給され現金で賃金が支払われた。それは彼らにとって初めて受け取った現金だった。通常の兵士とも折り合いがよく，見事に働いた。その他 1,000 人あまりの混血アボリジニの召集兵たちは従軍

671　Broome (2001) p. 125.
672　McGrath (1995) p. 274-275.

し、海外に遠征もした。その中の1人 Reg Saunders は後に将校にまでなった[673]。」という目覚ましい活躍を見せたことが「軍事産業のアボリジニたちの働きぶりに対する肯定的な報告により、NT の政府によって検討された結果、1947年1月に牧畜家たちと会議が開催された。会議で週 12 1/2 シリングから20シリングの間に賃金を上げることが推奨された[674]。」という変化を生み出したことは本論で繰り返し取り上げている。この変化を基本仮説に当てはめて考えると、DB 中期＝アボリジニの隷属的労働が NT 後期の変数に対して以下のように及んだと想定できる。

- D 中期＝白人≠アボリジニ → D 後期1＝白人≠アボリジニ
- E 中期＝労働力としての需要（主に牧畜産業において）→ E 後期1＝労働力としての需要（軍事産業において）
- B 中期＝ Aboriginal Ordinance Act 1911 等を始めとしたアボリジニに関する法規定 → B 後期1＝アボリジニの白人と変わらない働きぶり

この変化の結果、

軍内の規定で白人と同等の賃金
　＝f（白人≠アボリジニ，労働力としての需要，アボリジニの白人と変わらない働きぶり）

この DB 後期1はさらに影響を及ぼし変数を変化させる、それは以下のように想定できる。

- D 後期1＝白人≠アボリジニ → D 後期2＝白人≠アボリジニ
- E 後期1＝労働力としての需要 → E 後期2＝労働力として「アボリ

673　Flood (2006) p. 213.
674　Broome (2001) p. 141.

ジニ≒白人」
- B後期1＝アボリジニの白人と変わらない働きぶり→B後期2＝賃金を上げるべきではないかという発案

全国的な賃上げの推奨
　＝f（白人≠アボリジニ，労働力として「アボリジニ≒白人」，賃金を上げるべきという発案）

　つまりDB中期＝アボリジニの隷属的労働が，アボリジニを軍事産業に導入するDB後期1へ向かう変化を作り出し，さらにはDB後期2＝賃上げの推奨へと変化を生み出している。DB中期，DB後期1，DB後期2へと差別行為が与える変数への影響が連鎖していることが分かる。なおこの場合，変化がDB中期≒DB後期1もしくはDB中期＜DB後期1である状況が，後期1から後期2にかけては差別の撤廃へと動き出しているためDB後期1＞DB後期2になっている。このような変化は「X=Y」を感情に代入した場合，区別が成立しえなくなり，差別行動が成り立たなくなるという現象と類似している。このように差別が様々な幅を持って変化することは坂本「差別を単一の実態的事象とみる必要がないということである[675]。」という指摘や，三橋の「差別をダイナミックなもの」と捉える考え方とも一致が見られる[676]。差別を撤廃しようとしているDB後期2も差別行動として捉えるべきなのか，という疑問は妥当である。しかし，差別がどこから差別であり，どこから差別でなくなるのか，という事柄は価値観の問題で問えない。本書は差別と認識される可能性が高くなる範囲から，差別と認識される可能性が低くなる範囲のすべてを差別行動は包括しているという点だけを明らかにしておく。
　次にタスマニアのケースについて見てみたい。タスマニアの初期は第4章2節1項で触れた「X（白人）＝Y（アボリジニ）」という関係が取引を媒介

675　坂本（2005）20頁。
676　三橋（1975）18頁。

に成立していた可能性が高いことについては述べた。そのため，初期のタスマニアの白人とアボリジニの関係を表す変数は，

- D 初期＝白人≠アボリジニ
- E 初期＝白人＝アボリジニ
- B 初期＝対等な取引関係

協調的なコミュニティの形成
　＝f（白人≠アボリジニ，白人＝アボリジニ，対等な取引関係）

と想定できる。感情と区別のスパイラルが区別を無効にしてしまうため，自らと相手を同等に取り扱う行動が感情によって喚起され，差別と認識できるような行動は発生しないと想定される。タスマニア中期は，イギリス政府の強い影響でタスマニアへの白人入植が進められてきた時代であると第3章3節2項で説明した。また，この時期の入植の方法自体も初期のアザラシ猟師とは異なり，農業や牧羊など土地を必要とするものだったことについても注目したい。このように白人入植者たちのアボリジニ社会に対する関わりあい方が変化したにも関わらず，前述したように Windshuttle[677] が表面的には両者の摩擦が激化した様子はなかったとしていた。タスマニアへの白人入植はイギリスという外部からの影響で決定した。タスマニア中期は白人とアボリジニの間で表面化しない内面的な変化を起こしていた時期であり，また初期から後期へかけての過渡期であったと説明した。タスマニア中期の変数は Ryan が示しているように，恒久的にイギリス人たちがタスマニアに入植してくることに伴って，アボリジニがイギリス法の対象として取り込まれつつも，同等の法的権限を持たない者として疎外され始めたことを加味して，

- D 初期＝白人≠アボリジニ → D 中期＝白人≠アボリジニ

---

[677] Windschuttle (2002) p. 111.

- E 初期＝白人＝アボリジニ → E 中期＝白人≠アボリジニ
- B 初期＝対等な取引関係 → B 中期＝同等の法的権限を持たない者，つまり土地の所有者とは認めない

土地の略奪
　＝f（白人≠アボリジニ，白人≠アボリジニ，アボリジニの土地所有を認めない）

と動態的差別の基本仮説で表現できる。中期の変化が後期のタスマニア・アボリジニと白人の関係の変化の原因となっている。タスマニア後期の歴史を振り返って特徴的な点として第3章3節3項で3点を挙げた。白人とタスマニア・アボリジニの間の争いの激化が第1点目として挙げられる。中期での政策決定による変化が表面化しなかったのと対照的に，後期では争いの数の激増，負傷者の激増等の見える形で変化が発生している。第2点目として植民地政府は Martial Law，報奨金の導入，Black Line，Friendly Mission などを次々と打ち出していることを指摘した。そして，タスマニア後期の1834年までにほとんどのアボリジニがタスマニア本島から駆逐された点をタスマニア後期の特徴第3点目として挙げた[678]。恐らく DB 初期＝土地の略奪が，一定の期間を経て，アボリジニを白人への蜂起に至らせたと考えられる。タスマニア・アボリジニが攻撃を開始すると，白人側の認識も従来の"大人しい先住民"から"攻撃的で危険な先住民"へと変化したと想定できる。そのため"攻撃的で危険な先住民"に対して反撃しようとする白人側の動きも相まって，両者の関係は悪化した。そのため DB 初期＝土地の略奪が影響を与えた後の変数と，変数を基本仮説に代入した結果は，

- D 中期＝白人≠アボリジニ → D 後期＝白人≠アボリジニ
- E 中期＝白人≠アボリジニ → E 後期＝攻撃者

678　McFarlane (2008) p. 164.

- B 中期＝同等の法的権限を持たない者，つまり土地の所有者とは認めない → B 後期＝攻撃をしてくるので対処しなければいけない

アボリジニの駆逐
　＝f（白人≠アボリジニ，攻撃者，攻撃してくるので対処しなければならない）

と上記のように変化したと想定できる。その後 DB 後期＝タスマニア・アボリジニの駆逐の結果，タスマニア・アボリジニは遠方の島に隔離された。隔離された先でタスマニア・アボリジニの人口減少は止まらず，1869 年 3 月に最後の純血のタスマニア・アボリジニ男性 William Lanney が死亡し，1876 年に最後の純血のタスマニア・アボリジニ女性とされる Truganini が死亡している。それは日本の辞書にも書かれているように「先住のタスマン人は 1876 年絶滅[679]。」と結論づけられている。

- D 後期＝白人≠アボリジニ → D 近代＝白人≠混血アボリジニ≠純血アボリジニ
- E 後期＝攻撃者 → E 近代＝隔離されて死に絶えた人々
- B 後期＝攻撃をしてくるので対処しなければいけない → B 近代＝絶滅したものとして対処

タスマニア・アボリジニ絶滅
　＝f（白人≠混血アボリジニ≠純血アボリジニ，隔離されて死に絶えた人々，絶滅したものとして対処）

タスマニアのケースは差別行動が DB 初期＜ DB 中期＜ DB 後期と激化していったケースであることが分かる。DB 後期の駆逐が，アボリジニほぼ全員

---

[679] 大辞林　第三版（項目「タスマニア」で引いた。）1546 頁。

の収容を可能にした。そのため政府の管理下に置かれたタスマニア・アボリジニが全員死亡したことはDB近代においてタスマニア・アボリジニが絶滅したという説の信憑性を高める結果となった。このように考えると，信憑性を高める意味でもDB後期からDB近代への繋がりが確認できる。

第5章 結

　本書は第2章で差別の先行研究について，全体像，各論と明らかにしてきた。特に各論ではアルベール・メンミの人種差別（1996），江原（1985）の性差別，上野（2002）の複合差別論，坂本（2005）の告発による差別定義を挙げ議論を深めた。これらの先行研究を振り返ることでそれぞれの差別理論が複雑な現状に対応するために進化してきたことを指摘した。差別の社会事象としての幅広さゆえに，差別研究は分断され，ケーススタディの蓄積ばかりが強調されてきた傾向がある。その中で差別の全体像は置き去りにされてきた。だが，坂本が論じたように差別を定義し，一般化するための学的努力が理論の精度を上げ，差別の不在・解消を理解するための鍵であるならば，差別を一般化するための努力は今後も一層強化されるべきである。そのため，第2章の結論として本書の論旨に，差別の一般化の必要性を提起した。

　続く第3章で，差別が変化する存在であることをNTとタスマニアのアボリジニの歴史から示した。第2章で取り上げた先行研究の中でも差別の動態的な性質が指摘されている。しかし差別の変化についての明確な議論展開や一般化を見ることができなかった。差別の変化を取り扱った先行研究として，差別史や長期的な差別のケーススタディ等が挙げられる。しかし，差別が人々の相互作用，関係によって発生するものであるという前提に立てば，差別が変化するということはどの差別にも共通の性質である。よって，個別の変化を捉える差別史というアプローチは差別の変化を取り扱うには不十分であり，差別全般に共通する性質として一般化されるべき論題であると結論づけた。そこで本書第4章では，NTとタスマニアのケースから，変化する差別を論じることのできる基本仮説を展開することにした。

　変化する差別を捉えるための議論という必要に応じて，本書では動態的差別の基本仮説を提案した。差別の動態的な性質を説明するモデルとして，

差別行動＝f（区別，感情，行動）という定義を提案した。この仮説の特徴は，変数の力学的な関係や相互作用を議論に含めた点である。そのため既存の理論が論じることのできなかった差別の特質について論じることが可能になった。その1つが差別の時系列的な変化である。時系列による差別の変化もその時代に適応した差別の要素を設定することで，過去・現在に通じて動態的差別の仮説で論じることができる。10年後と現在のように2点間の比較分析のみならず，差別の時系列に沿った連続的な変化も捉えることが可能である。また，実社会においてほとんどの差別は交流を拒否するというケースのように，些細な出来事として多くの人が差別として認識しない状態から，深刻な差別問題として認識される状況（集団殺人等）の間を循環していると想定できる。そのため動態的差別の基本仮説が，差別の縮小・拡大のどちらにも対応している点は社会現象としての差別の特徴を忠実に再現している。例として区別＝D1，感情＝E1，行動＝B1とする。これらの変数を仮説に当てはめた際，導き出される解はf（D1, E1, B1）＝DB1となる。DB1が社会現象として表出した時点で社会的に影響を及ぼし，変数に変化が起きる。そこで変化が区別＝D2 expansion，感情＝E2 expansion，行動＝B2 expansionとなった場合f（D2 expansion, E2 expansion, B2 expansion）＝DB2 expansionであり，DB1＜DB2 expansionである場合は差別の拡大が論じられる。逆に差別行為DB1の社会的現象が変数を区別＝D2 reduction，感情＝E2 reduction，行動＝B2 reductionと変化させた場合，差別行為はf（D2 reduction, E2 reduction, B2 reduction）＝DB2 reductionとなり，DB2 reduction＜DB1であった場合差別の縮小が論じられる。

　また動態的な差別を捉える作用の1つとして，差別のダイナミックは区別，感情，行動の差別の各要素が生み出すスパイラルによっても発生すると説明した。区別と感情のスパイラルは，区別によって感情的に相手の立場と自分の立場を別々に位置づけ，異なる扱い，つまり差別を可能にするという役割を負う。感情と行動のスパイラルは，感情が行動を喚起し，行動が取られたために感情がより強化されていく作用を持つ。行動と区別のスパイラル

は区別を強化し，差別行動を実行しやすくする作用を持つ。法的システムが行動として確立されてしまうと，被害者は特定の社会的境遇を共有させられるので被害者を特定することが容易になる。特定が容易になると，加害者が被害者を攻撃することも容易になる点を挙げて論じた。これらの差別のスパイラルは相乗効果を生み出し，差別を強める。結果，差別のスパイラルが差別のダイナミックを強化させるとした。

　本書第2章，第3章の考察から，動態的な差別の性質を議論としてまとめる必要性については論証できた。しかし，動態的な差別の理論創設には不十分な点が多かった。本書の動態的差別の基本仮説は，オーストラリアのアボリジニという限定されたケースを考察し，論じられたものである。第4章で提案した動態的差別の基本仮説がどれほど一般性を持つのかということについて本書では追求できなかった。だが，本書で繰り返し指摘したように，全ての差別が人による相互行為で構成される社会現象であり，全ての差別に動態的な性質が存在する。今後差別の動態的な性質を論じるための基本仮説をより推敲し，高めると同時に，理論としての妥当性をより広く検証していくことが課題である。

巻末資料

TABLE 4.1 INCIDENTS AND ASSAULTS BY ABORIGINES ON
SETTLERS, VAN DIEMEN'S LAND, 1824-1831

	Settlers and servants killed	Settlers and servants wounded	Settlers, servants assaulted, harassed	Dwellings plundered	Dwellings set on fire	Assaults on stock / crops and stacks destroyed	Total number of incidents
1824	10	2	3	1	2	0	11
1825	8	3	4	7	1	2	14
1826	21	6	13	13	1	0	29
1827	36	16	26	21	4	7	78
1828	40	48	63	63	8	12	146
1829	29	58	40	74	5	5	153
1830	32	53	57	115	9	8	227
1831	11	25	27	29	2	1	71
Total	187	211	233	323	32	35	729

Source: N. J. B. Plomley, *The Aboriginal / Settler Clash in Van Diemen's Land 1803-1831* (1992). This is a compilation from Plomley's tables 2, 3, 5 and 6. The separate figures for those killed and wounded are calculated from his appendix. The table includes assaults on the property and employees of the Van Diemen's Land Company, which Plomley lists separately. The total killed also includes three people Plomley listed as wounded (Esther Gough p 72, William Gangell p 94 and Mrs Cunningham, p 97) who later died from their wounds. The number of incidents each year is less than the total of separate offences such as killings, assaults, robberies and arson because some incidents involved several offences. Plomley employed research assistants to go through the archival records and newspapers of the time to compile a tally of all incidents of violence. He produced a relatively sound piece of work, whose sources I have double-checked. There are a small number of mistakes, especially with page numbering of archive documents, and some other mentioned in relevant footnotes, but overall the survey is largely true to the originals, and there are only a few omissions to be found. Where there are different versions of the one incident, Plomley resists the habit of most of the orthodox school of always using the one most favourable to the Aborigines. Anyone pursuing Plomley's references in the Archives Office of Tasmania needs to know the shorthand he adopted. He was working mainly from the Colonial Secretary's Office file no. 1/316/7578 and a reference in his survey such as 'CSO 832' is actually to CSO 1/316/7578 page 832.

参照文献

Akerlof, George Arthur (1976), "The Economics of Caste and of the Rat Race and Other Woeful Tales," *Quarterly Journal of Economics*, Volume 90, Issue 4, p. 599-617.
Arthur, Bill; Morphy, Frances (2005), *Macquarie Atlas of Indigenous Australia*, The Macquarie Library Pty Ltd.
Attwood, Bain (1989), *The Making of the Aborigines*, Allen & Unwin.
――(2003), *Right for Aborigines*, Allen & Unwin.
Attwood, Bain; Amold, John (1992), *Power, Knowledge and Aborigines*, La Trobe University Press in association with the National Centre for Australian Studies, Monash University.
Australian Bureau of Statistics (2004), *Year Book Australia*, Australian Bureau of Statistics.
Beckett, Jermy (1988), *Past and Present: the Construction of Aboriginality*, Aboriginal Studies Press for the Australia Institute of Aboriginal Studies.
Beier, A. L.（佐藤清隆訳（1997）『浮浪者たちの世界：シェイクスピア時代の貧民問題』同文舘出版）
Benedict, R.（筒井清忠，寺岡伸悟，筒井清輝訳（1997）『人種主義：その批判的考察』名古屋大学出版会）
Blainey, Geoffrey (2001), *The Tyranny of Distance*, Pan Macmillan Australia Pty Limited.
Broom, Richard (2001), *Aboriginal Australians*, Southwood Press Pty Ltd.
Clark, Manning (2006), *A Short History of Australia*, Penguin Books.
Flood, Josephine (2006), *The Original Australians*, Allen & Unwin.
Frankenberg, Ruth (1993), *White Women, Race Matters: The Social Construction of Whiteness*, University of Minnesota Press.
Gardiner-Garden, John (2000), *The Definition of Aboriginality*, Research Note Department of the Parliamentary Library.
Keen, Ian (1988), *Being Black: Aboriginal Cultures in "Settled" Australia*, Aboriginal Studies Press for Australian Institute of Aboriginal.
Kidd, Rosalind (1997), *The Way We Civilize: Aboriginal Affairs-the Untold Story*, University of Queensland Press.
Leyton, Elliott（中野真紀子訳（1995）『大量殺人者の誕生』人文書院）
Marrow, A. J.（望月衛，宇津木保訳（1972）『KURT LEWIN：その生涯と業績』誠信書房）
Martin, J.（古沢みよ訳（1987）『オーストラリアの移民政策』勁草書房）

Masson, Jeffrey M.; McCarthy, Susan（小梨直訳（1996）『ゾウがすすり泣くとき―動物たちの豊かな感情世界』河出書房新社）
McFarlane, Ian (2008), *Beyond Awakening: the Aboriginal Tribes of Northwest Tasmania: a History*, Fullers Bookshop.
McGrath, Ann (1995), *Constested Ground: Australian Aborigines Under the British Crown*, Allen & Unwin.
Perkins, Rachel; Langton, Marcia (2008), *First Australians*, Miegunyah Press.
Pilkington, Doris（中江昌彦訳（2003）『裸足の1500マイル ドリス ピルキングトン』メディアファクトリー）
Powell, Alan (1996), *Far Country: a Short History of the Northern Territory*, Melbourne University Press.
Raynolds, Henry (1995), *Fate of a Free People*, Penguin Books.
——(2001), *An Indelible Stain? The Question of Genocide in Australia's History*, Viking.
Reid, Gordon (1990), *A Picnic with the Natives: Aboriginal-European Relations in the Northern Territory to 1910*, Melbourne University Press.
Roth, H. Ling (1898), "Is Mrs. F. C. Smith a "Last Living Aboriginal of Tasmania"?," *The Journal of the Anthropological Institute of Great Britain and Ireland*, Vol. 27, pp. 451-454.
Roth, Henry Ling (1968), *The Aborigines of Tasmania*, Fullers Bookshop.
Rowley, C. D. (1973), *Outcasts in White Australia: Aboriginal Policy and Practice*, Vol. 2, Australian National University Press.
——(1976), *The Remote Aborigines: Aboriginal Policy and Practice*, Vol. 3, Australian National University Press.
——(1986), *The Destruction of Aboriginal Society*, Penguin Books.
Ryan, Lyndall (1996), *The Aboriginal Tasmanians*, Queensland University Press.
Scott, James C. (1990), *Domination and the Arts of Resistance: Hidden Transcripts*, Yale University Press.
Sherington, G.（加茂恵津子訳（1985）『オーストラリアの移民』勁草書房）
Taylor, Rebe (2002), *Unearthed: The Aboriginal Tasmanians of Kangaroo Island*, Wakefield Press.
Thomson, Donald Ferguson; Peterson, Nicolas (1983), *Donald Thomson in Arnhem Land: Compiled and Introduced by Nicolas Peterson*, Currey O'Neil.
Toyne, Phillip; Vachon, Daniel (1984), *Growing up the Country: the Pitjantjatjara Struggle for Their Land*, McPhee Gribble/ Penguin.
Trigger, David S. (1992), *Whitefella Comin': Aboriginal Responses to Colonialism in Northern Australia*, Cambridge University Press.
Weber, Max（濱島朗訳（1967）『権力と支配：政治社会学入門』有斐閣）
Windshuttle, Keith (2002), *The Fabrication of Aboriginal History, vol. 1, Van Diemen's Land 1803-1847*, Macleay Press.
アジット・S. バラ，フレデリック・ラペール共著／福原宏幸，中村健吾監訳（2005）『グ

ローバル化と社会的排除:貧困と社会問題への新しいアプローチ』昭和堂。
アル・グラスビー／藤森黎子訳(2002)『寛容のレシピ―オーストラリア風多文化主義を召し上がれ―』NTT出版。
アルベール・メンミ／菊地昌実,白井成雄訳(1996)『人種差別』法政大学出版局。
アレキサンダー・ミッチャーリッヒ,フレート・ミールケ編・解説／金森誠也,安藤勉訳(2001)『人間性なき医学―ナチスと人体実験―』ビイング・ネット・プレス。
アンリ・ラボリ／川中子弘訳(1987)『虐殺された鳩:暴力と国家』法政大学出版局。
ウィリアム・J.グード／松尾精文訳(1982)『社会学の基本的な考え方』而立書房。
ウリカ・セーゲルストローレ／垂水雄二訳(2005)『社会生物学論争史:誰もが真理を擁護していた(1・2)』みすず書房。
エルンスト・クレー／松下正明監訳(1997)『第三帝国と安楽死:生きるに値しない生命の抹殺』批評社。
ガッサン・ハージ／保苅実,塩原良和訳(2003)『ホワイト・ネイション―ネオ・ナショナリズム批判』平凡社。
クルト・レヴィン／猪股佐登留訳(1956)『社会科学における場の理論』誠信書房。
クレイグ・マクガーティ,ビンセント・Y.イゼルビット,ラッセル・スピアーズ編著(2007)『ステレオタイプとは何か:「固定観念」から「世界を理解する"説明力"」へ』明石書店。
ゲオルク・クニール,アルミン・ナセヒ／舘野受男,池田貞夫,野崎和義訳(1995)『ルーマン社会システム理論』新泉社。
ジェフリー・ブレイニー／加藤めぐみ,鎌田真弓訳(2000)『オーストラリア歴史物語』明石書店。
ジェフリー・ブレイニー／長坂寿久,小林宏訳(1980)『距離の暴虐:オーストラリアはいかに歴史をつくったか』サイマル出版会。
ジェラルド・J.S.ワイルド／芳賀繁訳(2007)『交通事故はなぜなくならないか:リスク行動の心理学』新曜社。
ジョージ・A.アカロフ／幸村千佳良,井上桃子訳(1995)『ある理論経済学者のお話の本』ハーベスト社。
ジョン・オルコック／長谷川眞理子訳(2004)『社会生物学の勝利:批判者たちはどこで誤ったか』新曜社。
ジョン・キーガン／遠藤利国訳(1997)『戦略の歴史:抹殺・征服技術の変遷:石器時代からサダム・フセインまで』心交社。
ジョン・ダグラス,マーク・オルシェイカー／福田素子訳(2001)『幼児殺人の快楽心理:FBI心理分析官ファイル』徳間書店。
スーザン・ブラックモア／垂水雄二訳(2000)『ミーム・マシーンとしての私(上・下)』草思社。
スチュアート・タノック／大石徹訳(2006)『使い捨てられる若者たち:アメリカのフリーターと学生アルバイト』岩波書店。
スティーヴン・J.グールド／鈴木善次,森脇靖子訳(1989)『人間の測りまちがい:差別の科学史』河出書房新社。

デーヴ・グロスマン／安原和見訳（2004）『戦争における「人殺し」の心理学』筑摩書房。
デイヴィッド・R. ローディガー／小原豊志訳（2006）『アメリカにおける白人意識の構築―労働者階級の形成と人種』明石書店。
デュルケーム／宮島喬訳（1985）『自殺論』中央公論社。
ハリエット・ビー・ストウ／今井嘉雄訳（1927）『トム叔父の小屋：奴隷の一生 上巻・下巻』春秋社。
ヒュー・T. スコーギン（1993）「天と人の間：漢代の契約と国家 (1)」『早稲田法学』68巻1・2号，1-17頁。
フランク・タネンバウム／小山起功訳（1980）『アメリカ圏の黒人奴隷―比較文化史的試み―』彩光社。
フランソワ・ド・フォンテット／高演義訳（1989）『人種差別』白水社。
ブノワット・グルー／山口昌子訳（2000）『フェミニズムの歴史』白水社。
ブライアン・マリナー／平石律子訳（1993）『カニバリズム：最後のタブー』青弓社。
ベンノ・ミュラー＝ヒル／南光進一郎監訳（1993）『ホロコーストの科学：ナチの精神科医たち』岩波書店。
マーティン・バナール／金井和子訳（2004）『黒いアテナ―古典文明のアフロ・アジア的ルーツ』藤原書店。
マニング・クラーク／竹下美保子訳（1978）『オーストラリアの歴史：距離の暴虐を超えて』サイマル出版。
マリー＝フランス・イルゴイエンヌ／高野優訳（1999）『モラル・ハラスメント：人を傷つけずにはいられない』紀伊國屋書店。
ミーシャ・グレニー／井上健，大坪孝子訳／千田善解説（1994）『ユーゴスラヴィアの崩壊』白水社。
ヤン・C. ヨェルデン編／田村光彰他訳（1999）『ヨーロッパの差別論』明石書店。
リチャード・ドーキンス／日高敏隆他訳（2006）『利己的な遺伝子』紀伊國屋書店。
リンダ・コリー／川北稔監訳（2000）『イギリス国民の誕生』名古屋大学出版会。
ロジャー・オモンド／斎藤憲司訳（1989）『アパルトヘイトの制度と実態：一問一答』岩波書店。
ロバート・J. ドーニャ，ジョン・V. A. ファイン／佐原徹哉，柳田美映子，山崎信一訳（1995）『ボスニア・ヘルツェゴヴィナ史：多民族国家の試練』恒文社。
ロバート・イーグルストン／増田珠子訳（2004）『ポストモダニズムとホロコーストの否定』岩波書店。
ヴォルフガング・ベンツ／中村浩平，中村仁訳（2004）『ホロコーストを学びたい人のために』柏書房。
青柳まちこ編（2004）『老いの人類学』世界思想社。
青山晴美（2001）『もっと知りたいアボリジニ：アボリジニ学への招待』明石書店。
赤木昭夫（2006）『反情報論』岩波書店。
赤松啓介（1995）『差別の民俗学』明石書店。
麻生幸（1994）「企業と大学」『千葉商大紀要』第32巻第1・2合併号，129-150頁。
綾部恒雄（2006）『文化人類学20の理論』弘文堂。

荒井献（1999）『聖書のなかの差別と共生』岩波書店．
有吉佐和子（1967）『非色』角川書店．
池田勝徳（1991）『疎外論へのアプローチ：系譜と文献』ミネルヴァ書房．
石田雄，三橋修（1994）『日本の社会科学と差別理論』明石書店．
伊藤公雄，牟田和恵編（2006）『ジェンダーで学ぶ社会学』世界思想社．
伊藤康子（1974）『戦後日本女性史』大月書店．
―――（1977）『日本の女性史』学習の友社．
井上輝子，江原由美子編（1999）『女性のデータブック：性・からだから政治参加まで』有斐閣．
伊豫谷登士翁，酒井直樹，テッサ・モリス＝スズキ編（1998）『グローバリゼーションのなかのアジア：カルチュラル・スタディーズの現在』未來社．
上坂昇（1992）『アメリカ黒人のジレンマ：「逆差別」という新しい人種関係』明石書店．
上杉聰（2000）『よみがえる部落史』社会思想社．
上野千鶴子（2002）『差異の政治学』岩波書店．
―――（2006）『生き延びるための思想：ジェンダー平等の罠』岩波書店．
内掘基光，本多俊和編（2008）『文化人類学』放送大学教育振興会．
英連邦賢人調査団／笹生博夫他訳（1987）『アパルトヘイト白書：英連邦調査団報告』現代企画室．
江原由美子（1985）『女性解放という思想』勁草書房．
―――編（1990）『フェミニズム論争：70年代から90年代へ』勁草書房．
大石信行（2003）『イエロー・オーストラリア―アジア化に揺れる豪州』明石書店．
大島襄二編（1983）『トレス海峡の人々：その地理学的・民族学的研究』古今書院．
大谷藤郎（1993）『現代のスティグマ：ハンセン病・精神病・エイズ・難病の艱難』勁草書房．
沖浦和光，徳永進編（2001）『ハンセン病：排除・差別・隔離の歴史』岩波書店．
押川文子編（1995）『フィールドからの現状報告』明石書店．
小田亮（2000）『レヴィ＝ストロース入門』筑摩書房．
越智道雄（2000）『オーストラリアを知るための48章』明石書店．
小俣和一郎（1995）『ナチスもう一つの大罪：「安楽死」とドイツ精神医学』人文書院．
郭基煥（2006）『差別と抵抗の現象学：在日朝鮮人の「経験」を基点に』新泉社．
加藤周一（1988）『世界大百科事典』平凡社．
加藤豊比古編著（1992）『人間行動の基礎と諸問題：ヒトはどのように生きていくのか』福村出版．
加藤雅彦（1993）『バルカン：ユーゴ悲劇の深層』日本経済新聞社．
金子マーティン編（1998）『「ジプシー収容所」の記憶―ロマ民族とホロコースト―』岩波書店．
鹿野政直（2004）『現代日本女性史：フェミニズムを軸として』有斐閣．
鎌田真弓（2003）「グローバリゼーションの中の先住民族：オーストラリア・アボリジニのウラン鉱山開発反対運動」『NUCB Journal of Economics and Information Science』47 (2), 81-94頁．

参照文献

川北稔（1990）『民衆の大英帝国：近世イギリス社会とアメリカ移民』岩波書店。
菊池謙一（1950）『アメリカの奴隷制度と近代社會の成長』日本評論社。
木村和男（2000）『イギリス帝国連邦運動と自治植民地』創文社。
窪田幸子（2005）『アボリジニ社会のジェンダー人類学：先住民・女性・社会変化』世界思想社。
倉沢進，川本勝編著（1992）『社会学への招待』ミネルヴァ書房。
栗原彬編（1996）『差別の社会理論講座差別の社会学　講座差別の社会学1』弘文堂。
──（1996）『日本社会の差別　講座差別の社会学2』弘文堂。
──（1997）『現代世界の差別構造　講座差別の社会学3』弘文堂。
──（1997）『共生の方へ　講座差別の社会学4』弘文堂。
小谷汪之編（1994）『西欧近代との出会い』明石書店。
小谷汪之（1996）『不可触民とカースト制度の歴史』明石書店。
小林淳一他（2000）『社会のメカニズム』ナカニシヤ出版。
小林基（1972）「Bernard Malamud 試論─その Jewishness の考察を中心として─」『The Waseda commercial review（早稲田商学）』早稲田商学同攻会，55-77頁。
小山修三，窪田幸子編（2002）『多文化国家の先住民：オーストラリア・アボリジニの現在』世界思想社。
坂本佳鶴恵（2005）『アイデンティティの権力─差別を語る主体は成立するか』新曜社。
佐々尾知，東川洋一（2005）「ユダヤ人としてのシャイロック　ヴェニスの商人におけるエリザベス朝のユダヤ人観」『北海道教育大学紀要』人文科学・社会科学編，Vol. 56, No. 1, 83-109頁。
佐藤裕（2005）『差別論─偏見理論批判─』明石書店。
塩原良和（2005）『ネオ・リベラリズムの時代の多文化主義：オーストラリアン・マルチカルチュラリズムの変容』三元社。
柴谷篤弘，池田清彦編（1992）『差別ということば』明石書店。
新保満（1979）『野生と文明─オーストラリア原住民の間で─』未来社。
鈴木清史（1993）『アボリジニー：オーストラリア先住民の昨日と今日』明石書店。
──（1995）『都市のアボリジニ：抑圧と伝統のはざまで』明石書店。
盛山和夫（1995）『制度論の構図』創文社。
関根政美，竹田いさみ，諏訪康雄，鈴木雄雅（1988）『概説オーストラリア史』有斐閣。
高山純，石川榮吉，高橋康昌（1992）『オセアニア』朝日新聞社。
武内和彦，大森博雄（1988）「植生からみたオーストラリア半乾燥地域の「砂漠化」現象」『地理学評論』日本地理学会，第61号，124-142頁。
竹田いさみ（2000）『物語オーストラリアの歴史：多文化ミドルパワーの実験』中央公論新社。
竹本友子（2000）「W・E・B・デュボイスと第二次大戦後の公民権運動」『早稲田大学大学院文学研究科紀要．第4分冊，日本史東洋史西洋史考古学』早稲田大学大学院文学研究科，73-87頁。
角山榮，川北稔編（1982）『路地裏の大英帝国：イギリス都市生活史』平凡社。
寺田篤弘（1991）『社会学の方法と理論：Doing sociology』新泉社。

中島智子（1996）「国家政策としての多文化主義：オーストラリア多文化主義の考察」『プール学院大学研究紀要』Vol. 36, 243-262 頁。
中島偉晴（2007）『アルメニア人ジェノサイド：民族 4000 年の歴史と文化』明石書店。
中西直和（1999）『オーストラリア移民文化論：「異文化」と「普遍主義」の節合』松籟社。
中久郎編（1987）『社会学の基礎理論』世界思想社。
中村文哉（1996）「社会関係と差別行為―類型化と差別的意味構成」花園大学人権研究室編『人権教育研究』第 4 号。
中村義博（1996）『ユーゴの民族対立：平和の創成を求めて』岩波書店。
永原和子，米田佐代子（1996）『おんなの昭和史：平和な明日を求めて』有斐閣。
西川長夫，渡辺公三，ガバン・マコーマック編（1997）『多文化主義・多言語主義の現在：カナダ・オーストラリア・そして日本』人文書院。
西阪仰（2001）『心と行為：エスノメソドロジーの視点』岩波書店。
野村路子編（1995）『写真記録　アウシュヴィッツ：ホロコーストの真実 2 ―ユダヤ人はなぜ殺されたか？』ほるぷ出版。
――（1995）『写真記録　アウシュヴィッツ：ホロコーストの真実 3 ―恐怖のアウシュヴィッツ』ほるぷ出版。
橋都由加子（2006）「第 4 章オーストラリアにおける連邦・州・地方の役割分担」『主要諸外国における国と地方の財政役割の状況』財務省財務総合政策研究所，259-286 頁。
秦澄美枝（2007）『男女共生社会の大学：文科省セクハラ規程から大学評価へ』社会評論社。
花崎皋平（1993）『アイデンティティと共生の哲学』平凡社。
原武史（2001）『「出雲」という思想：近代日本の抹殺された神々』講談社。
原ひろ子他編（2004）『ジェンダー問題と学術研究』ドメス出版。
平田雅博（2000）『イギリス帝国と世界システム』晃洋書房。
廣田昌希（1990）『差別の諸相』岩波書店。
藤井暁子（2002）『東アフリカ・ブルンディ滞在記：ツチ族・フツ族・内戦』健友館。
藤井毅（2003）『歴史のなかのカースト：近代インドの「自画像」』岩波書店。
藤川隆男編（2004）『オーストラリアの歴史：多文化社会の歴史の可能性を探る』有斐閣。
――（2005）『白人とは何か？―ホワイトネス・スタディーズ入門』刀水書房。
藤川吉美（1995）『ロールズ哲学の全体像：公正な社会の新しい理念』成文堂。
本多勝一編（1980）『虐殺と報道』すずさわ書店。
本多勝一（1997）『カンボジア大虐殺』朝日新聞社。
松浦勉，渡辺かよ子編（1999）『差別と戦争―人間形成史の陥穽―』明石書店。
松島駿二郎（2000）『タスマニア最後の「女王」トルカニニ』草思社。
松村明編（1995）『大辞林　第 2 版』三省堂。
松山利夫（1994）「オーストラリアにおける先住民政策：南オーストラリア州とノーザンテリトリーを中心に」『松山大学論集』6 (4), 61-79 頁。
三橋修（1975）『差別論ノート』新泉社。
宮下史明（1972a）「オーストラリアの経済とその地理的背景」『早稲田商学』第 228 号，

15-35 頁。
── (1972b)「オーストラリアの鉄鉱石資源と鉄鋼業」『早稲田商学』第 230 号, 29-52 頁。
宮平望 (2001)『アメリカの解放神学・黒人神学・女性神学思想』西南学院大学学術研究所。
村田恭雄 (1988)『日本の差別・世界の差別：差別の比較社会論』明石書店。
本橋豊 (2006)『自殺が減ったまち：秋田県の挑戦』岩波書店。
守川正道 (1980)『差別からみた世界史』三一書房。
安川寿之輔 (1996)『女性差別はなぜ存続するのか：差別論入門』明石書店。
安田三郎他編 (1980)『基礎社会学第Ⅰ巻　社会的行為』東洋経済新報社。
安田三郎他編 (1981)『社会集団』東洋経済新報社。
山崎元一, 佐藤正哲編 (1994)『歴史・思想・構造』明石書店。
山田富秋, 好井裕明 (1993)『排除と差別のエスノメソドロジー──［いま-ここ］の権力作用を読解する』新曜社。
山本秀行 (1995)『ナチズムの記憶：日常生活からみた第三帝国』山川出版社。
好井裕明 (2003)『批判的エスノメソドロジーの語り─差別の日常を読み解く─』新曜社。
── (2005)『つながりと排除の社会学』明石書店。
── (2007)『差別言論』平凡社。
若田恭二 (1995)『大衆と政治の心理』勁草書房。
脇田晴子, 林玲子, 永原和子編 (1987)『日本女性史』吉川弘文館。

索　引

【欧文】

Aboriginal Land Right (NT) Act　87
ARTHUR, Sir GEORGE（総督）　105-109, 133, 134
Black Line　108
Black War　105
Blainey, Geoffrey　70, 71, 97-100, 102, 103
Bleakley, J. W.　78
Booth　118, 131, 145
Broome, Richard　70, 76-84, 86, 88, 93, 131, 141, 146, 149, 150
Clark, Manning　70, 97, 101
Don McLeod　84
Smith, Fanny Cochrane　117
Flood, Josephine　3, 4, 82-84, 87, 92-95, 106-110, 112-114, 116, 120, 121, 135, 150
Friendly Mission　96, 109-111, 113, 121, 145, 146, 153
Howard　90
　——政権　89, 90
Islander　4, 117-119, 121, 131, 145
Lanney, William　115, 116, 154
Little Children are Sacred　88, 90
Mannalargenna　96, 113
Martial Law　106
McFarlane, Ian　94-96, 102, 103, 106-109, 111-113, 115, 133, 134, 142, 143, 146, 153
McGrath, Ann　3, 4, 71, 74, 76-83, 86, 88, 94-96, 100, 103, 105, 107, 112, 114, 115, 117, 120, 121, 131, 135, 139, 141, 143, 148, 149
Northern Territory Act of South Australia　71
Northern Territory Ordinance of 1911　73
Northern Territory Welfare Ordinance 1953-60　66, 80
Perkins, Rachel　111
Powell, Alan　79, 82
Saunders, Reg　83, 150
Reid, Gordon　3, 72-76, 78, 120
Reynolds, Henry　4, 104, 105, 114, 121
Robinson　107
Roth, Henry Ling　93
Rudd 首相　91
Ryan, Lyndall　4, 65, 66, 93, 94, 104, 105, 107, 115-119, 121, 130, 131, 133, 144, 145, 152
South Australian Act of 1910　73
Stolen Generation　62, 91
Suke　116, 117, 144
Taylor, Rebe　116, 117
Japangardi, Tim　83
Truganini　4, 65, 110, 115-117, 121, 131, 133, 144, 154
Van Diemen's Co.　102
Windshuttle, Keith　4, 104-111, 113, 114, 119, 121, 134, 145, 152
Wybalenna　96, 112-114, 117

【ア行】

アイデンティティ問題　25
アザラシ猟　94-96, 103, 139
　——師　4, 66, 94-96, 104, 110, 116, 117,

索引　169

119, 121, 139, 144, 152
アボリジニ政策　3, 4, 59, 62, 63, 66, 67, 72, 73, 75, 76, 79, 88, 91, 120, 136, 140, 148
アリススプリング　58, 77, 88, 135, 141
アルベール・メンミ　2, 14, 26, 156
イギリス　4, 7, 70, 71, 82, 97-109, 115, 117, 121, 130, 133, 152
石田　雄　2, 3, 6-10, 43
一夫一妻制　94, 95
一夫多妻制　86, 93, 94
インフルエンザ　113
上野千鶴子　2, 32-42, 54, 55, 123, 124, 136, 156
エスノメソドロジー　10-13
江原由美子　2, 22-28, 30-32, 54, 55, 122, 123, 128, 136, 147, 156
エマンシピスト　101
オイスター・コーブ　112

【カ行】

戒厳令　106
学生闘争　8
家父長制　43
ガンキャリエッジ島　112, 143
感情　16-18, 20, 132-135, 137, 138, 140-143, 147, 148, 151, 152, 157
　　──と行動のスパイラル　138, 141-143, 157
強制移住　62, 74, 76
居留地　60-62, 111, 112, 115, 117, 118, 143, 145, 146
　　──政策　62
　　──制度　60, 61
区別　14, 15, 29, 32, 43, 47, 49, 59, 129, 130-132, 134, 135, 137, 138, 143-148, 151, 152, 157, 158
　　──と感情のスパイラル　138, 140, 157
軍事産業　3, 83, 85, 120, 146, 149-151
ケープ・バーレン島　118
穢れ　43

結核　113
行為　23, 30, 32, 43, 47, 49, 50, 52, 54, 127, 130, 132, 134, 135, 137, 148
公害問題　8
行動　2, 4, 17, 20, 49, 85, 96, 105, 126, 130, 132-138, 141-148, 152, 157, 158
　　──と区別のスパイラル　138, 143, 144, 157
国際人権規約　8
国籍条項　8
告発　22, 31, 32, 53, 54, 122, 124, 127, 136
　　──による差別　2, 43, 44, 156

【サ行】

差異　14, 18-20, 25-29, 32, 43, 44, 52, 123, 136
在日韓国人　42
在日朝鮮人　42, 50
坂本佳鶴恵　2, 3, 43-56, 124, 126, 127, 136, 143, 151, 156
佐藤　裕　3, 42-44, 53, 56, 126
差別意識論　10, 11
差別行為　44, 49, 134, 137, 147, 151, 157
差別行動　21, 126, 134, 137, 138, 147, 148, 151, 154, 157, 158
　　──のスパイラル　138, 147, 148
差別要素　129, 132, 134, 137
　　──のスパイラル　138, 145, 147
三者関係論　43, 53
児童の性的虐待　88
社会構造説　45-47
社会心理学的研究　10
囚人　105
純血種　14, 16
純粋な人種　14, 15
障害者　2, 13, 28-30, 35-39
常識　11, 22, 27, 95
少数民族　9
女性障害者　37, 38
女性問題　22-34

人種差別　1, 2, 13-15, 17-22, 42, 46, 47, 54, 55, 122, 125, 127, 129, 136, 156
数量的な実証的分析　10
ストライキ　84, 85, 149
スワン島　111, 146
性差別　2, 9, 13, 22-24, 30, 32, 34, 38, 54, 122, 156
──撤廃条約　9
正当化　14, 16-24, 26, 32, 43, 46, 48, 55, 105, 122, 128, 136, 141, 146, 147

【タ行】

ダーウィン　58
ダイナミック　125, 126, 137, 151, 157, 158
第二次世界大戦　2, 3, 66, 81, 82, 84, 120, 149
多元現実　33
男女雇用機会均等法　9
男性障害者　38
中絶の権利　36
賃金　3, 23, 46, 75-78, 81, 83-85, 87, 88, 120, 141, 146, 149-151
定式化　29, 123, 128
伝統的生活　71, 74, 86
同化政策　62, 118, 145
特権　14, 16, 21, 22, 26, 55, 122

【ナ行】

中村文哉　2, 6, 10-13
難民条約　8
日本軍　82, 83
日本文化論　8
盗まれた世代　62
ノーフォーク島　70, 71, 98-100

【ハ行】

パート・アボリジニ　60, 72, 77, 130, 131
ハーフ・カースト（ハーフ・ケースト）　76, 117, 118, 131, 140, 145

肺炎　113, 114, 117
バス海峡　117-119
非マルクス　6
ピルバラ　84, 85
複合差別　32, 33, 39, 40, 42
──論　2, 13, 32, 33, 41, 42, 54, 55, 123, 124, 136, 156
ブッシュ・スキル　86
ブッシュレンジャー　107
不平等　24-28, 53
部落問題　9
フリンダーズ島　92, 112-115, 117, 133, 143
ベトナム反戦　7, 8
偏見説　45, 47
ヘンリー・メイン　7
報奨金　108
牧畜産業　78, 81, 83, 84, 141, 149, 150
保護官長　75-77, 135, 141
ボタニー湾　97-99

【マ行】

松山利夫　3, 71, 72, 74-76, 80, 88, 120, 139, 140
マルクス主義　6, 34, 45, 46
ミッション・ステーション　74, 75

【ヤ・ユ・ヨ】

優越性　14, 16
ユダヤ人　1, 13, 15, 47, 49
羊毛産業　101

【ラ行】

リザーブ　60-63, 76, 140
倫理的パラドックス　20
流刑　97, 101-103
流刑政策　100
歴史化　41, 123, 124
ローセストン　114, 118, 145

著者略歴

張能　美希子（ちょうのう　みきこ）

2003年　千葉商科大学商経学部卒業
2006年　明治大学大学院ガバナンス研究科修士課程修了
2010年　千葉商科大学大学院政策研究科博士課程修了・博士（政策研究）

アボリジニ
―差別論の展開と事例研究―

2012年9月10日　第1版第1刷発行		検印省略
著　者	張　能　美希子	
発行者	前　野　　　弘	
発行所	株式会社 文　眞　堂	

東京都新宿区早稲田鶴巻町533
電話　03(3202)8480
FAX　03(3203)2638
http://www.bunshin-do.co.jp/
〒162-0041　振替00120-2-96437

印刷・モリモト印刷　製本・イマヰ製本
© 2012
定価は表紙裏に表示してあります
ISBN978-4-8309-4763-6 C3036